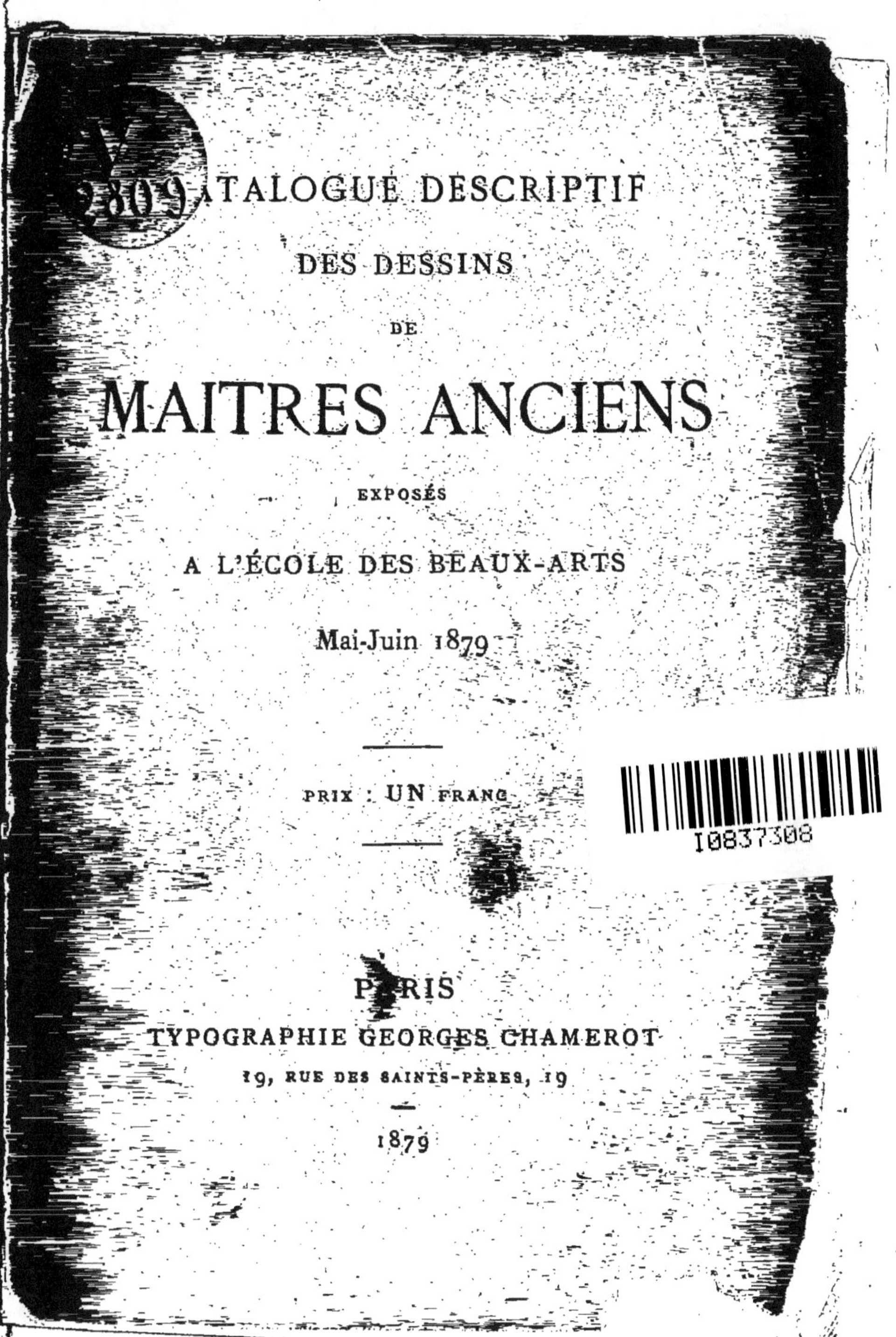

CATALOGUE DESCRIPTIF DES DESSINS DE MAITRES ANCIENS

EXPOSÉS

A L'ÉCOLE DES BEAUX-ARTS

Mai-Juin 1879

PRIX : UN FRANC

PARIS
TYPOGRAPHIE GEORGES CHAMEROT
19, RUE DES SAINTS-PÈRES, 19

1879

CATALOGUE DESCRIPTIF

DES DESSINS

DE

MAITRES ANCIENS

CATALOGUE DESCRIPTIF

DES DESSINS

DE

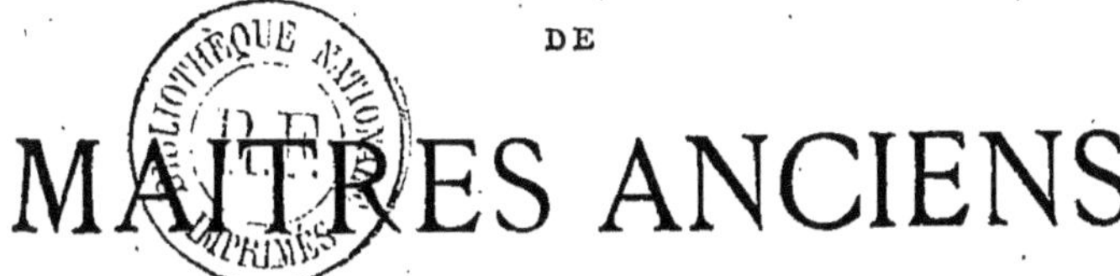

MAITRES ANCIENS

EXPOSÉS

A L'ÉCOLE DES BEAUX-ARTS

Mai-Juin 1879

PRIX : UN FRANC

PARIS

TYPOGRAPHIE GEORGES CHAMEROT

19, RUE DES SAINTS-PÈRES, 19

1879

*Nous devons au public quelques explications sur le but et la portée de l'*Exposition de Dessins des Maîtres anciens *à laquelle nous le convions. Nous soumettons à son examen un choix de morceaux des plus grands maîtres de toutes les écoles; il nous a semblé qu'une pareille entreprise, sans parler des chefs-d'œuvre qui la recommandent, aurait un assez vif attrait de nouveauté. Aucune exposition temporaire, consacrée exclusivement aux dessins, n'a encore eu lieu à Paris; la curiosité se portant de préférence vers les œuvres de la peinture, les organisateurs d'expositions, par une complaisance naturelle pour le goût dominant, ont toujours sacrifié le crayon au pinceau, le dessin au tableau, la pensée intime de l'artiste aux manifestations plus officielles de son talent. Non que les dessins aient jamais été délaissés par nos amateurs; la France peut citer plus d'une collection célèbre, comme celle des Jabach, des Crozat, des Mariette, des Denon, des Lagoy, des Reiset, des His de Lasalle; mais le goût des dessins n'avait pas encore gagné le véritable public. De nos jours seulement, ce côté délicat de l'art est en voie de conquérir l'attention et l'estime générales.*

Dans certaines expositions spéciales, consacrées à Ingres, à Regnault, à Prud'hon, on a vu les dessins de ces maîtres figurant à côté de leurs tableaux. On a pu ainsi comparer les grandes compositions, ornées de toutes les séductions de la couleur et du fini, avec les œuvres spontanées sorties des mêmes mains, et dans cette lutte de la peinture et du dessin proprement dit, la victoire n'est pas toujours restée à la première. Il est arrivé plus d'une fois que le charme intime et confidentiel du dessin a pénétré le spectateur attentif d'une émotion non moins vive que l'éclat solennel de la peinture. Les dessins d'un grand artiste ont cet avantage de nous montrer sa pensée dans toute sa fraîcheur, au moment même de l'éclosion; nous y saisissons peut-être la personnalité du créateur avec plus de sûreté et de précision que dans les œuvres de longue haleine, remaniées avec la patiente défiance du génie. Qui oserait se flatter de bien connaître Prud'hon et Ingres, s'il n'a vu de près les dessins allégoriques du premier ou les portraits à la mine de plomb du second? On ne possède vraiment un maître qu'à la condition de l'avoir étudié dans les fragments échappés à l'improvisation, dans les ébauches, même les plus fugitives, dans les croquis à peine indiqués.

C'est ce qui a été très-bien compris par nos voisins d'outre-Manche : l'année dernière la Grosvenor Gallery, *cette année la* Grosvenor Gallery *encore et la* Royal Academy *ont prêté leurs salles à des expositions de dessins qui ont obtenu le plus vif succès. On y est venu de toutes parts, soit pour goûter le charme d'une espèce d'initiation aux projets primitifs des maîtres, soit pour chercher, dans ces musées improvisés, des modèles incomparables ou des matériaux utiles à l'histoire de l'art. L'exemple qui nous était donné par les amateurs anglais méritait d'être suivi; nous avons songé à ouvrir à Paris une exposition analogue à celles qui venaient de réussir si complètement à Londres, et, afin de nous encourager dans cette pensée, nous avons voulu faire de notre future exposition une œuvre de bienfaisance artistique. Le montant des entrées et le produit de la vente de ce catalogue seront versés dans la caisse du volontariat de l'École des Beaux-Arts, destinée à abréger la durée du service militaire pour les élèves pauvres ; en sorte que les maîtres anciens serviront à aider les débuts de leurs jeunes émules. Pour atteindre ce résultat, il nous fallait avant tout un local convenable et le concours bienveillant des possesseurs de dessins. Ces deux conditions ont été remplies plus aisément et plus vite que nous n'osions l'espérer. Dès que nous lui eûmes communiqué notre projet, M. Guillaume, alors directeur général des Beaux-Arts, nous accordait ou plutôt nous proposait son appui ; bientôt après M. Paul Dubois, directeur de l'École, nous offrait l'hospitalité dans une de ses plus belles salles ; enfin le ministère des Beaux-Arts se prêtait de la meilleure grâce à tout ce qui pouvait assurer le succès de nos efforts. Restait la partie la plus difficile de notre tâche : il s'agissait de rassembler un certain nombre de dessins dispersés dans les collections, de les arracher pour ainsi dire à leurs heureux possesseurs, de les en dépouiller pendant quelques semaines. Ici encore l'évènement a dépassé nos souhaits : dès nos premières ouvertures, on nous a tout accordé. Nous ne pouvons remercier tout le monde, mais nous devons, parmi nos obligeants prêteurs, citer au premier rang Mgr le duc d'Aumale qui, non content de mettre à notre disposition les trésors de ses cartons, a doublé le prix de ce généreux concours par des remarques et des indications personnelles, dont on retrouvera la trace dans ce catalogue. Que ne devons-nous pas aussi à M. Edmond de*

Goncourt! Son précieux apport forme dans notre exposition une histoire complète du dessin français au XVIIIe *siècle. On verra encore combien nous avons mis à contribution MM. le marquis de Chennevières, Armand, Dutuit, Dumesnil, Gatteaux Louis, Galichon, Gigoux, en regrettant de ne pouvoir leur emprunter davantage. L'étranger a fourni également sa part. MM. Malcolm et Mitchell, toujours prodigues lorsqu'il s'agit d'une entréprise artistique doublée d'une bonne action, nous ont confié, sans craindre les tempêtes du détroit, leurs plus beaux dessins de maîtres italiens et allemands. M. de Beckerath nous a envoyé de Berlin une vingtaine de morceaux importauts, enfin nous avons reçu quelques remarquables échantillons des collections de Rome et de Vienne.*

Le total des dessins que nous livrons au public ne dépasse guère six cent cinquante numéros; nous aurions voulu et, grâce à l'amabilité des collectionneurs, nous aurions pu donner plus, si l'espace nous l'eût permis. Mais, dans les limites mêmes qui nous ont été imposées, nous sommes parvenus à suivre, non sans quelques lacunes inévitables, l'histoire du dessin depuis le XIIIe *siècle jusqu'à la fin du* XVIIIe, *— depuis Giotto jusqu'à Prud'hon. Peut-être trouvera-t-on quelques disproportions dans ce choix. Peut-être le* XVIIIe *siècle français semblera-t-il occuper une trop large place dans notre exposition. Mais ne sommes-nous pas en France, et le siècle dernier n'est-il pas le plus intimement français de tous? Ne donne-t-il pas mieux que les autres la note vive, spirituelle et gaie du génie national? Ajoutons que tous ces morceaux nous ont paru si également charmants qu'il eût été cruel d'en éliminer aucun. On remarquera encore que nous donnons très-peu de dessins d'ornement. Nous avons pensé que les œuvres des peintres-dessinateurs présenteraient* *un intérêt plus vif que des études d'architecture et de décoration sculpturale.*

Pour nos notices descriptives, nous avons mis à profit le catalogue de M. Reiset (1) (collection de Mgr le duc d'Aumale), le catalogue de M. Robinson (2) (collection Malcolm), le catalogue manuscrit de M. Edmond de Goncourt, source inépuisable de renseignements inédits et piquants sur le XVIIIe *siècle; nous avons aussi tiré parti des descriptions qui nous ont été fournies par les collectionneurs eux-mêmes; enfin, là où ces secours ont manqué, nous avons décrit l'œuvre exposée en nous imposant la double loi de l'exactitude et de la brièveté et en ajoutant çà et là quelques notes historiques.*

Il nous reste à toucher l'épineuse question des attributions. Nous avons cru devoir pousser la reconnaissance pour ceux qui se sont associés à notre œuvre jusqu'au respect des noms d'artistes indiqués par eux. Est-ce à dire que nous partagions toujours leur opinion, que tel dessin attribué à Donatello ou à Michel-Ange ne nous paraisse pas plutôt d'un tout autre maître, que quelque Rembrandt ou quelque Van Dyck n'excite pas nos légitimes défiances ? On comprendra que nous n'insistions pas. Quoi qu'il en soit, même dans les cas très-rares où les attributions ne nous ont pas semblé d'une certitude absolue, nous n'avons admis que des œuvres d'une valeur indiscutable. Nous espérons qu'un choix auquel a présidé une règle si sévère ne sera point indigne des sympathies des connaisseurs. Nous n'avons point à vanter l'ensemble que nous avons formé; qu'il nous

(1) Description abrégée des dessins de diverses écoles.

(2) The Malcolm collection. Descriptive Catalogue of Drawings by the old Masters.

suffise de dire que notre exposition réunit des dessins de Giotto, du Pérugin, de Botticelli, de Michel-Ange, de Léonard et de son maître Verrocchio, de Raphael, du Titien, du Corrège, de Van Eyck, de Dürer, de Rembrandt, de Rubens, de Van Dyck, de Velasquez, de Murillo, du Poussin, de Watteau et de Prud'hon. Qu'il nous soit permis aussi de faire remarquer, non sans quelque émotion, que parmi nos dessins de Raphael le visiteur rencontrera la première pensée de la Dispute du Saint-Sacrement.

Charles EPHRUSSI.

Gustave DREYFUS.

1er mai 1879.

ÉCOLES D'ITALIE

ÉCOLE FLORENTINE

1. GIOTTO (DI BONDONE, 1276-1337). Groupe d'anges debout, vus presque tous de profil. Sur la droite du dessin, un des anges tourne la tête vers deux personnages qu'il regarde avec mépris, et qui paraissent représenter l'Orgueil et l'Avarice. Le premier porte un faucon sur son poing; le second tient une bourse. — A la plume, sur vélin. — H. 0,205, L. 0,189.

Collections Dupan de Genève, F. Reiset.

Première pensée d'une partie de la composition peinte par Giotto sur la voûte de l'église inférieure d'Assise, représentant saint François marié par le Christ à la Pauvreté.

(Appartient à Mgr le duc d'Aumale.)

2. GIOTTO. *La Navicella.* — A la plume et au bistre. — H. 0,270, L. 0,317.

Collections Vasari, Pembroke, Ottley, Woodburn.

Cette même composition est reproduite dans la mosaïque de Saint-Pierre de Rome. — Gravé par Lasinio et dans Ottley.

(Appartient à Mgr le duc d'Aumale.)

3. GIOTTO. *Le Jugement de Joseph.* La femme de Putiphar vient porter plainte devant une femme assise

dans une cour. A gauche, dans une seconde cour; autre épisode du même sujet, etc. Au verso, études pour le même sujet (le siège du juge est occupé par Pharaon, Joseph se défend et la femme de Putiphar, la tête couronnée, écoute) et autres croquis tirés de la même légende. — A la plume, sur vélin. — H. 0,230, L. 0,170.

Collections Lagoy, Galichon.

(*Appartient à M. Louis Galichon.*)

4. ÉCOLE DE GIOTTO. Martyre d'un saint, trois études d'une composition dont le personnage principal est un saint attaché à un poteau, les mains liées derrière le dos, en présence de deux magistrats et accompagné d'une foule qui le menace. — Au verso, un soldat frappant des femmes prosternées devant lui. — A la plume et au bistre. — H. 0,277, L. 0,192.

Collections Vasari, Woodburn, T. Lawrence, Ottley, Galichon. Gravé en fac-similé par Ottley. — Ce dessin, de la première moitié du XIVe siècle, a été attribué à Cimabue par Vasari qui l'a possédé et l'avait encadré d'une monture ornée du portrait du maître.

(*Appartient à M. A. Armand.*)

5. ÉCOLE ITALIENNE (FIN DU XIVe SIÈCLE). Le sujet principal représente un pape agenouillé, intercédant pour les âmes du purgatoire. Au verso, saint Georges combattant le dragon. — A la plume, lavé d'aquarelle et rehaussé de blanc. — H. 0,145, L. 0,100.

Collection F. Reiset.
Ce dessin a appartenu à Mariette, qui l'attribuait, évidemment à tort, à Giotto ou à Simone Memmi (Martini).

(*Appartient à Mgr le duc d'Aumale.*)

6. DONATO (dit DONATELLO, 1386- 1466). Étude pour

la partie droite d'une composition de *la Mise au tombeau*. — A la plume. — H. 0,415, L. 0,280.

Collections Nathaniel Hone, Reynolds, F. Reiset.

(*Appartient à Mgr le duc d'Aumale.*)

7. DONATO. Figure de saint debout, vu de face, tenant un livre de la main gauche et une plume de la droite. — A la plume. — H. 0,400, L. 0,175.

Collection F. Reiset.

Ce dessin a appartenu à W.-Y. Ottley, qui avait ajouté au revers l'inscription grecque citée par Vasari, à la fin de la Vie de Donatello et composée, en l'honneur de ce dernier, par le savant don Vincenzo Borghini.

(*Appartient à Mgr le duc d'Aumale.*)

8. DONATO. *Saint Jean*, vu de face, la tête tournée à gauche, enveloppé dans des draperies; il tient un livre dans ses mains. — A la plume, lavé de bistre. — H. 0,385, L. 0,155.

Collection Reynolds.

(*Appartient à M. Gatteaux.*)

9. ANGELICO (FRA GIOVANNI DA FIESOLE, 1387-1455). Évangéliste assis, lisant dans un livre qu'il tient, de ses deux mains, ouvert sur son genou droit. — Lavé et rehaussé de blanc, sur papier teinté de vert. Au verso, autre évangéliste assis. Il tient une plume de la main droite et un livre fermé de la main gauche. — A la plume, lavé de bistre, sur papier blanc. — H. 0,190, L. 0,140.

Collections William-Young Ottley, Esdaile, Drovery, F. Reiset.

Études destinées à la voûte de la chapelle peinte par ce maître au Vatican.

(*Appartient à Mgr le duc d'Aumale.*)

10. ANGELICO (FRA). Études de figures diverses pour la composition du *Jugement dernier*. Dans le haut, étude d'une main prise sur nature. — A la plume

et au bistre. Au verso, tête de moine, vue de face — Lavé et rehaussé de blanc, sur papier teinté de jaune. — H. 0,250, L. 0,155.

Collections Lagoy, F. Reiset.

(*Appartient à Mgr le duc d'Aumale.*)

11. LIPPI (FRA FILIPPO, 1412?-1469). Figure d'homme debout, drapé, tourné vers la gauche. — A la pierre noire et rehaussé de blanc, sur papier teinté de gris. — H. 0,270, L. 0,100.

Collections Crozat, Richardson, F. Reiset.

(*Appartient à Mgr le duc d'Aumale.*)

12. LIPPI (FRA FILIPPO). Tête d'homme coiffée d'un bonnet, tournée à gauche. — A la pierre noire, avec rehauts blancs, sur papier teinté de gris. — H. 0,215. L. 0,185.

(*Appartient à Mgr le duc d'Aumale.*)

13. LIPPI (FRA FILIPPO, *attribué à*). Figure de sainte debout, drapée dans un ample manteau. Ses mains sont étendues. Elle semble parler avec animation. Au verso, une étude de figure drapée, sans tête. — A la pointe d'argent, rehaussé de blanc, sur fond préparé, légèrement rouge. — H. 0,307, L. 0,165.

Collections Richardson, B. West, T. Lawrence, Robinson.

(*Appartient à M. Malcolm.*)

14. PESELLINO (FRANCESCO, 1422-1457). *Miracle de saint Antoine de Padoue.* — A la plume, avec rehauts bleus. — H. 0,170, L. 0,420.

Collection Desperet.

Étude pour la prédelle conservée à l'Académie des Beaux-Arts de Florence, qui formait, avec deux autres fragments aujourd'hui au musée du Louvre, la prédelle du tableau *la Nativité* de fra Filippo Lippi.

(*Appartient à Mgr le duc d'Aumale.*)

15. ROSSELLINO (ANTONIO, 1427-1478, *attribué à*). Projet de décoration d'autel. La Vierge et l'enfant Jésus sur

un trône; près d'eux les figures de deux saints et du donateur. — A la plume et au bistre. — H. 0,240, L. 0,170.

Un dessin analogue est conservé aux Offices de Florence.

(*Appartient à M. de Beckerath.*)

16. SIGNORELLI (LUCA DA CORTONA, 1441 ? - 1523). Composition de deux figures nues; un lutteur terrassant l'autre, qui s'appuie sur un genou et semble vaincu. — Au pinceau, lavé de bistre sur papier préparé brun-jaune. — H. 0,360, L. 0,231.

Collections T. Lawrence, Robinson.
Étude avec changements pour un des groupes de la fresque *l'Enfer*, peinte dans la cathédrale d'Orvieto et représentant un démon torturant une âme damnée.

(*Appartient à M. Malcolm.*)

17. SIGNORELLI. Homme nu, vu de profil à droite; la tête, de trois quarts, regarde en haut; la main droite sur la hanche, le bras gauche étendu. — A la pierre noire. — H. 0,337, L. 0,185.

Étude pour un des bienheureux du *Jugement dernier* d'Orvieto.

(*Appartient à M. Gatteaux.*)

18. SIGNORELLI. Un démon tient par la tête un homme nu, terrassé. A gauche, étude d'homme nu, agenouillé et courbé. — A la pierre noire et rehaussé de blanc, sur papier teinté de gris. — H. 0,195, L. 0,250.

Collections T. Lawrence, Drovery, F. Reiset.
Étude pour le *Jugement dernier* d'Orvieto.

(*Appartient à Mgr le duc d'Aumale.*)

19. ÉCOLE FLORENTINE (XVe SIÈCLE). *Saint François épousant la Pauvreté.* Le saint, portant l'habit de son ordre, passe un anneau au doigt d'une femme maigre et décharnée, nu-pieds et pauvrement habillée. — Au pinceau, au bistre avec rehauts blancs, sur papier préparé bleu foncé. — H. 0,205, L. 0,187.

(*Appartient à M. Malcolm.*)

20. FILIPEPI (Sandro, dit Il Botticelli, 1447-1510). Étude pour une composition de *Vénus sortant de l'Onde*. — A la plume. — H. 0,195, L. 0,195.

Collections du général Griois, F. Reiset.
Étude pour le tableau conservé aux Offices à Florence.

(*Appartient à Mgr le duc d'Aumale.*)

21. FILIPEPI. Figure allégorique de l'Abondance, représentée sous les traits d'une jeune femme, vêtue d'une légère draperie de gaze, portant une corne d'abondance à peine indiquée, précédée d'un Amour et suivie d'un groupe de trois petits Amours. — A la plume, sur fond rosé, au bistre, avec rehauts blancs. — H. 0,320, L. 0,250.

Collections Morris Moore, Robinson.
Étude pour le tableau *l'Automne* ou *l'Abondance* de l'ancienne collection de M. Reiset, aujourd'hui, chez Mgr le duc d'Aumale.

(*Appartient à M. Malcolm.*)

22. FILIPEPI. *L'Abondance*, figure de jeune femme debout, drapée, tournée vers la gauche, tenant de la main gauche une corne remplie de fruits. — A la plume, lavé de bistre, rehaussé de blanc, piqué à l'aiguille. — H. 0,200, L. 0,130.

Collection Vallardi.
Sans doute une autre étude pour le tableau de *l'Abondance* ou de *l'Automne* de l'ancienne collection de M. F. Reiset.

(*Appartient à M. le marquis de Chennevières.*)

23. GHIRLANDAIO (Domenico Bigordi, 1449-1494, *attribué à*). Feuille d'étude. — Une Vierge avec l'Enfant, et une Vierge agenouillée adorant l'Enfant, couché à terre près d'elle. — A la pointe d'argent, sur fond préparé rouge foncé, avec rehauts blancs. — H. 0,325, L. 0,220.

Collection comte de Fries.

(*Appartient à M. Malcolm.*)

24. VERROCCHIO (Andrea Cioni del, 1433-1488). Feuille

d'études et de croquis divers. — Au recto, une Vénus debout; une Vénus couchée soutenue par deux Amours; autre Amour debout; un enfant qui court; un jeune homme debout; un religieux en adoration devant un Christ en bois. — Au verso, un enfant Jésus couché dans sa crèche, tenant de la main gauche le globe du monde. Derrière lui, à gauche, le petit saint Jean agenouillé; à droite, l'âne et le bœuf; un croquis de la Vierge agenouillée; le Christ en croix; étude d'homme debout; au bas de la feuille, autre croquis d'enfant Jésus; un chien rongeant un os; un chevalier rompant une lance; croquis de cheval; autre croquis de cavalier galopant. — A la plume et au bistre; une seule figure lavée d'encre. — H. 0,275, L. 0,200.

Collection Woodburn.

(Appartient à M. le marquis de Chennevières.)

25. VERROCCHIO (A. DEL). La Vierge tenant sur ses genoux l'Enfant Jésus debout sur un coussin. Un ange agenouillé lui présente un vase plein de fleurs. Sur la même feuille plusieurs études de figures nues, drapées. Au verso, étude d'homme nu, le bras gauche tendu. Enfant assis, le coude appuyé sur un genou, et une esquisse de chien couché. — A la plume et au bistre. — H. 0,280, L. 0,200.

Collections Drovery, F. Reiset.

(Appartient à Mgr le duc d'Aumale.)

26. VERROCCHIO (A. DEL). Plusieurs études d'enfants dans diverses attitudes, l'un d'eux tenant un oiseau de la main gauche. Au verso divers sujets; dont deux têtes, vues de profil, d'après l'antique. — A la plume, au bistre et lavé. — H. 0,280, L. 0,205.

Collections Drovery, F. Reiset.

(Appartient à Mgr le duc d'Aumale.)

27. VERROCCHIO (A. DEL). Diverses études d'enfants et

d'anges. Dans le haut, à droite, figure de saint Jean-Baptiste; dans le bas, évèque debout donnant la bénédiction. Au verso, étude d'homme nu, agenouillé, tenant un soufflet. — A la plume et au bistre, lavé, sur papier légèrement teinté de rose. — H. 0,275, L. 0,195.

Collections Drovery, F. Reiset.

(Appartient à Mgr le duc d'Aumale.)

28. VERROCCHIO (A. DEL). Six études de chevaux, montés et non montés, dans diverses attitudes. En haut, le centaure Nessus enlevant Déjanire. En bas, à gauche, figure de saint Jérôme debout, tenant un crucifix, un lion à ses pieds. — A la plume et au bistre, sur papier teinté de rose. Au verso, deux tonneliers préparant une cuve. — A la plume et au bistre. — H. 0,275, L. 0,285.

Collections Drovery, F. Reiset.

(Appartient à Mgr le duc d'Aumale.)

29. VERROCCHIO (A. DEL). Deux études de saint debout, drapé tenant un livre de la main gauche et une palme de la main droite. A gauche, saint Jérôme agenouillé; à droite, un saint lisant; derrière lui un ange debout, drapé. Sur la même feuille divers croquis, dont un sphinx. Au verso, figure d'enfant nu, debout, et étude de jambe. — A la plume, lavé de bistre. — H. 0,275, L. 0,200.

Collections Drovery, F. Reiset.

(Appartient à Mgr le duc d'Aumale.)

30. VERROCCHIO (A. DEL). Étude de Vierge agenouillée, les mains jointes. Au verso, deux têtes de saints; nombreuses études de chevaux et d'hommes, dont un homme assis frappanr sur une enclume. — A la plume, légèrement lavé sur papier teinté de rose. — H. 0,270, L. 0,195.

Collections Drovery, F. Reiset.

(Appartient à Mgr le duc d'Aumale.)

31. VERROCCHIO (A. DEL). Nombreuses études de diverses figures, dont trois anges, à genoux, en adoration. Dans le bas, à droite, figure de saint debout, drapé, sur un piédestal, tenant un livre dans la main gauche. Au verso, étude de saint Sébastien, lié à un arbre. Études d'enfants nus et d'anges joignant les mains. Têtes de Vierge couronnées de feuillage, et tête d'Enfant Jésus. — A la plume et lavé, sur papier teinté de rose. — H. 0,275, L. 0,200.

Collections Drovery, F. Reiset.

(Appartient à Mgr le duc d'Aumale.)

32. VERROCCHIO (A. DEL). Guerriers à cheval, armés de toutes pièces, la lance au poing. L'un est vu de profil, au galop, l'autre de face, arrêté. Dans le bas, étude d'ange agenouillé, tenant un flambeau des deux mains. Dans le haut, ange soulevant de la main droite un rideau. Au verso, quatre études d'hommes debout. Trois d'entre eux sont nus. Celui du milieu, vu de face, légèrement drapé, paraît être une figure de saint Jean-Baptiste. — A la plume et lavé, sur papier teinté de rose. — H. 0,275, L. 0,200.

Collections Drovery, F. Reiset.
Presque tous les dessins de cette suite sont accompagnés d'inscriptions.

(Appartient à Mgr le duc d'Aumale.)

33. VINCI (LIONARDO DA, 1452-1519.) Un pendu, vêtu d'une longue robe, les mains liées sur le dos. Au bas, à gauche, Léonard a dessiné à nouveau la face du supplicié, dont il décrit lui même le costume complet en onze lignes, de sa fine écriture de droite à gauche : « Petit bonnet de laine, — pourpoint de satin noir, — cape noire doublée, — robe bleue, doublée en peau de renard, — le col de la robe doublé en velours à petite pointe noire et rouge. — Bernardo

di Bendino Barontigni, marchand de pantalons. » — A la plume. — H. 0,195, L. 0,075.

Collection Evans Lombe.

(*Appartient à M. le marquis de Chennevières.*)

34. VINCI (Lionardo da). Études de figures nues, comprenant trois groupes et trois figures isolées. Deux études d'un homme barbu, les bras croisés et la tête appuyée sur la main droite. Au verso, une tête de femme vue de profil. — A la plume et au bistre. — H. 0,180, L. 0,260.

Collection Galichon.

(*Appartient à M. A. Armand.*)

35. VINCI (Lionardo da). Études de soldats diversement armés. Cinq sujets, quatre représentant le soldat dans l'attitude du combat; le cinquième représentant deux soldats s'enfuyant devant l'explosion d'une sorte de bombe. Quatre légendes en italien, écrites à rebours. — A la plume et au bistre. — H. 0,200, L. 0,273.

Collections Mariette, T. Lawrence, de Fries.

(*Appartient à M. A. Armand.*)

36. VINCI (Lionardo da). Portrait de femme vue à mi-corps, tête de face, la figure de trois quarts, les bras croisés. Elle est assise sur une draperie qui s'enroule autour du bras droit. Torse nu, cheveux arrangés avec art. — A la pierre d'Italie, fortement gouaché de blanc, sur carton. — H. 0,720, L. 0,540.

On conserve, dans la galerie de l'Ermitage, à Saint-Pétersbourg, la même figure peinte, attribuée, sans raisons suffisantes, à Léonard.

(*Appartient à Mgr le duc d'Aumale.*)

37. VINCI (Lionardo da). La Vierge tient sur ses genoux l'enfant Jésus, qui prend un vase des mains d'un roi mage agenouillé. A droite et à gauche, de nom-

breux personnages se prosternent devant Jésus. Dans le fond, la suite des rois mages. La plupart des personnages sont représentés nus. — A la plume, exécuté de la main gauche, comme le prouvent les hachures qui vont toutes de gauche à droite. — Au verso, une étude d'homme assis. — A la mine d'argent. H. 0,285. L. 0.215.

Première pensée de *l'Adoration des Mages*, de Florence. Ce dessin a été gravé dans la *Gazette des Beaux-Arts*, t. XXIII, p. 534.

(Appartient à M. Louis Galichon.)

38. VINCI (Lionardo da). Trois études pour une Victoire, déposant un bouclier sur un trophée. La Victoire du haut, à gauche, a son pied sur le bouclier que la Victoire du bas pose sur un tronc d'arbre auquel pend un écusson. La tête de la troisième étude est esquissée à la plume; le reste du corps est indiqué à la pointe d'argent. — H. 0,285, L. 0,255.

Collections Desperet et Galichon.

Exécuté de la main gauche, comme l'indiquent les traits allant de gauche à droite. Au verso, quelques lignes d'une ancienne écriture.

(Appartient à M. Malcolm.)

39. VINCI (Lionardo da). Buste de vieillard tourné à droite, couvert d'un manteau. — A la sanguine. — H. 0,100, L. 0,068.

Collections Hudson, T. Lawrence.

(Appartient à M. Mitchell.)

40. VINCI (Lionardo da). Feuille d'études, probablement détachée d'un carnet. Dans la partie supérieure une figure d'homme drapée, avec un long porte-voix, criant à l'oreille d'une figure nue; dans la partie inférieure, deux figures drapées, assises, semblant causer. — Plume et bistre. — H. 0,253, L. 0,190.

Collection T. Lawrence.

(Appartient à M. Malcolm.)

41. VINCI (Lionardo da). Études pour une figure d'enfant. — A la sanguine. — H. 0,200, L. 0,147.

Étude pour l'Enfant de la *Sainte Famille* du musée du Louvre

(*Appartient à Mgr le duc d'Aumale.*)

42. VINCI (Lionardo da). Buste de guerrier, vu de profil, avec cuirasse et casque richement ornés. — A la pointe d'argent sur fond préparé. — H. 0,277, L. 0,210.

Collections T. Lawrence, Robinson.

(*Appartient à M. Malcolm.*)

43. VINCI (Lionardo da, *attribué à*). Fragment d'une scène de bataille. Groupe de cavaliers nus, combattant. — A la pointe d'argent sur papier préparé. — H. 0,155, L. 0,080.

(*Appartient à M. de Beckerath.*)

44. VINCI (Lionardo da, *attribué à*). Étude de deux figures drapées, pour une Vierge et un Saint Jean-Baptiste agenouillés. — A la détrempe, en clair obscur, sur toile fine. — H. 0,275, L. 0,320.

Collections A. Westcombe, Robinson.

(*Appartient à M. Malcolm.*)

45. VINCI (Lionardo da). Portrait en buste, de grandeur naturelle, d'un jeune homme à longs cheveux blonds, à la mode de la fin du xve siècle et du commencement du xvie, vêtu d'un manteau noir qui laisse voir des manches de couleur rosée et coiffé d'un petit bonnet à bords relevés. La tête et le corps sont de trois quarts, un peu tournés vers la droite. Au fond, un mur à hauteur d'appui. — Aux crayons de pastel de différentes couleurs.—H. 0,625, L. 0,480.

(*Appartient à M. F. Ravaisson.*)

46. LIPPI (Filippino, 1458-1504). Étude de quatre figures (deux de chaque côté de la feuille) couvertes

de larges manteaux, dans différentes attitudes. — H. 0,277, L. 0,205.

Collection T. Lawrence.

Des dessins analogues se trouvent dans l'ancienne collection His de Lasalle, chez lord de Lisle et dans la Christchurch collection à Oxford. Tous sont évidemment des feuilles du même carnet d'études.

(*Appartient à M. Malcolm.*)

47. CREDI (LORENZO DI, 1459-1537). Tête de jeune homme vu de trois quarts, regardant vers la droite, coiffé d'une toque et portant de longs cheveux. — A la pierre noire et rehaussé de blanc, sur papier teinté de jaune. — H. 0,195, L. 0,135.

Collections Drovery, F. Reiset.

Les blancs sont modernes.

(*Appartient à Mgr le duc d'Aumale.*)

48. CREDI (LORENZO DI). Tête de vieille femme tournée à gauche. Au bas, une esquisse de petite tête d'homme, dans un autre sens. — A la pierre noire, rehaussé au pinceau, sur papier teinté. — H. 0,275, L. 0,193.

Collection Desperet.

(*Appartient à Mgr le duc d'Aumale.*)

49. CREDI (LORENZO DI). Étude de tête de vieillard, vue de face. — Pointe d'argent, rehaussé de blanc, sur papier préparé brun clair. — H. 0,254, L. 0,190.

Collections Richardson, W. H. Carpenter.

(*Appartient à M. Malcolm.*)

50. CREDI (LORENZO DI). Tête de jeune garçon, vu de face, avec longs cheveux, coiffé d'une barrette. — A la pointe d'argent, avec rehauts blancs, sur fond préparé jaunâtre. — H. 0,230, L. 0,203.

Collections Richardson, T. Lawrence.

(*Appartient à M. Malcolm.*)

51. CREDI (Lorenzo di). Tête de jeune homme vu de trois quarts, à gauche, coiffé d'un bonnet; cheveux longs. — A la pointe d'argent, sur papier préparé.—H. 0,160, L. 0,180.

Collections Esdaile, Richardson, Galichon.

(*Appartient à M. le vicomte H. Delaborde.*)

52. CREDI (Lorenzo di). Tête de jeune homme légèrement tournée à droite; une calotte plate recouvre les cheveux qui tombent sur les épaules. — A la pointe d'argent, rehaussé de blanc sur papier préparé gris.— H. 0,178, L. 0,165.

Collections Richardson, Spencer, Esdaile, Nils Bark, Thibeaudeau, Galichon.

(*Appartient à M. Mitchell.*)

53. CREDI (Lorenzo di, *attribué à*). Buste d'un religieux à barbe blanche, vu de trois quarts, à gauche; une chape couvre les épaules. — Gouache, sur papier préparé brun. — H. 0,337, L. 0,255.

Collection His de Lasalle.

(*Appartient à l'École des Beaux-Arts.*)

54. CREDI (Lorenzo di, *attribué à*). Deux feuilles d'un carnet, réunies. Sur la première, une tête de vieillard, vue de profil à gauche, coiffée d'un bonnet; sur la seconde, une étude de draperie. — A la mine d'argent, avec rehauts blancs, sur papier préparé jaune. — H. 0,220, L. 0,310.

Collection His de Lasalle.

(*Appartient à l'École des Beaux-Arts.*)

55. ÉCOLE FLORENTINE (fin du xve siècle). Tête de vieillard chauve et barbu; de trois quarts, tournée à gauche. — A la pointe d'argent, rehaussé de blanc, sur papier préparé. — H. 0,165, L. 0,120.

(*Appartient à M. F. Ravaisson.*)

56. ÉCOLE FLORENTINE (FIN DU XVe SIÈCLE). La Vierge vue de profil à gauche, dans des nuages, soutenue par des chérubins; l'Enfant Jésus sur ses genoux. — A la pointe d'argent, rehaussé de blanc, sur papier préparé rose. — H. 0,192, L. 0,180.

Ce dessin paraît avoir été exécuté par un sculpteur dans l'école de Donatello.

(Appartient à Mgr le duc d'Aumale.)

57. ÉCOLE FLORENTINE (FIN DU XVe SIÈCLE). *La Tour de la Sagesse,* composition allégorique. Sur les différents degrés d'une montagne conique sont assises des figures avec attributs, représentant les diverses branches des connaissances humaines. Au sommet, planant dans un cercle lumineux, le Père Éternel, fin de toute science. — Miniature sur vélin. — H. 0,185, L. 0,107.

(Appartient à Mgr le duc d'Aumale.)

58. ÉCOLE FLORENTINE (FIN DU XVe SIÈCLE). Étude de figure drapée, vue de la ceinture jusqu'aux pieds. — Le haut est à la plume, la partie inférieure au pinceau et rehaussée de blanc. — H. 0,115, L. 0,180.

Collection F. Reiset.
Ce dessin a été attribué à Léonard de Vinci.

(Appartient à Mgr le duc d'Aumale.)

59. ÉCOLE FLORENTINE (FIN DU XVe SIÈCLE). Étude de draperie pour la partie inférieure d'une figure assise, probablement une Madone. — Au pinceau et au bistre, avec rehauts blancs sur préparé rougeâtre. — H. 0,217, L. 0,260.

Collections de Fries, T. Lawrence.

(Appartient à M. Malcolm.)

60. ÉCOLE FLORENTINE (FIN DU XVe SIÈCLE). Étude de draperie pour une figure assise, vue de face. — Au

pinceau, au bistre, rehaussé de blanc, sur toile. — H. 0,240, L. 0,195.

(*Appartient à M. Dumesnil.*)

61. ÉCOLE FLORENTINE (FIN DU XVe SIÈCLE). Étude de draperie pour une figure agenouillée, vue de profil à droite. — Au pinceau, au bistre, rehaussé de blanc, sur toile. — H. 0,210, L. 0,280.

Des études analogues aux trois derniers dessins se trouvent au Louvre et dans la collection de M. Gatteaux.

(*Appartient à M. Dumesnil.*)

62. BUONARROTI (MICHELAGNOLO, 1475-1564). Feuille d'études avec projet d'une *Sainte Famille*. L'Enfant, à demi couché sur un coussin, se relève en tournant la tête et étendant la main gauche vers sa mère. La Vierge en buste, vue de profil et tournée vers la gauche, regarde gravement le divin Enfant. Entre Jésus et sa mère, apparaît au second plan la figure de saint Joseph; au-dessus, une étude de profil d'homme. En haut, à gauche, groupe de trois petits anges. — A la plume et au bistre. — H. 0,285, L. 0,210.

Collection Van Os.

(*Appartient à M. le marquis de Chennevières.*)

63. BUONARROTI. *Adam et Ève*. Adam, sur les genoux duquel Ève est assise, se retourne vers la gauche pour cueillir à l'arbre de vie le fruit défendu. — A la sanguine. — H. 0,280, L. 0,195.

Collection du comte Gelozzi.

(*Appartient à M. le marquis de Chennevières.*)

64. BUONARROTI. Étude d'homme nu tourné à droite, la jambe gauche relevée, le bras droit sur le dos. Au verso, étude de jambe et trois croquis de deux hommes luttant. — A la sanguine. — H. 0,328, L. 0,200.

Collection Boilly.

Cette étude semble avoir été faite pour une des figures d'esclave du *Tombeau de Jules II*.

(*Appartient à M. A. Armand.*)

65. BUONARROTI. *La Vérité*. Elle est assise et se regarde dans un miroir, qu'elle tient de la main gauche. Le complément de la composition, au verso : un enfant, effrayé par la vue d'un masque renversé, derrière lequel se cache un autre enfant debout et drapé, se réfugie entre les genoux de la Vérité. — A la plume. — H. 0,245, L. 0,195.

Collections baron Roger, F. Reiset.
Ce dessin a appartenu à Mariette, qui y a ajouté l'inscription suivante : *Tumulo Julii II summi Pontificis inserviendum*.

(Appartient à Mgr le duc d'Aumale.)

66. BUONARROTI. Figure nue, couchée, avec quelques études pour les jambes et les pieds de la même figure et une esquisse de la tête et la partie supérieure d'une autre figure. A gauche de la feuille cette inscription autographe de Michel-Ange :

Olio d'abetzo due oz.
Goma dragante oncie 4 mag,
Ricetta di mess. Giorgio Vasari di Firenze,
Per la tempera.

A la plume, au bistre, sur une esquisse préalable au charbon. — H. 0,265, L. 0,400.

Collections Lanckring, Mackintosh, Robinson.
Probablement une étude pour la figure de saint Paul au moment de la conversion, peinte dans la chapelle Pauline au Vatican (environ 1549-1550).

(Appartient à M. Malcolm.)

67. BUONARROTI. *Résurrection du Christ*. Le Christ prend son essor, le bras droit levé en l'air, tenant une bannière à peine indiquée. Les longs plis du linceul, légèrement esquissés, flottent derrière la figure, dans le fond. Au verso, deux petits croquis, l'un d'un dragon grotesque, l'autre d'une figure d'homme nu. — A la pierre d'Italie. — H. 0,412, L. 275.

Collections Buonarroti, Wicar, T. Lawrence.
Reproduit dans le Catalogue illustré de la *Grosvenor Gallery Exhibition* (1877-1878).

(Appartient à M. Malcolm.)

68. BUONARROTI. Étude préliminaire pour la figure d'Aman, peinte dans un des angles du plafond de la chapelle Sixtine. Sur la même feuille, deux esquisses de la cuisse gauche, de la jambe et du pied gauche en raccourci, et une esquisse du pied droit. Au verso, deux ébauches de la partie supérieure de la figure. — A la sanguine. — H. 0,413, L. 0,208.

Collections Buonarroti, Wicar, T. Lawrence.

(*Appartient à M. Malcolm.*)

69. BUONARROTI. *Flagellation du Christ.* — H. 0,237, L. 0,237.

Collections Buonarroti, Wicar, T. Lawrence, Roi de Hollande, Leembruggen.

Première pensée de la composition peinte d'après les dessins de Michel-Ange, par Sébastien del Piombo, dans l'église de *San-Pietro-in-Montorio*, à Rome.

(*Appartient à M. Malcolm.*)

70. BUONARROTI. Cinq études de figures nues, drapées. Au verso, études pour l'un des prophètes de la chapelle Sixtine. — Dessin à la plume. — H. 0,260, L. 0,390.

Collections Mariette, baron Roger, F. Reiset.

(*Appartient à Mgr le duc d'Aumale.*)

71. BUONARROTI. *Chute de Phaéton.* Jupiter cédant aux lamentations des fleuves et des rivières, représentés, dans le bas, par deux hommes et deux femmes, lance la foudre sur Phaéton, qui est précipité de son char conduit par quatre chevaux qui se renversent les uns sur les autres. — A la pierre noire. — H. 0,307, L. 0,217.

Collections Crozat, Mariette, Lagoy, Dimsdale, T. Lawrence Woodburn, Galichon.

Ce dessin, à en juger par l'inscription suivante de la main de Michel-Ange, a été donné à son ami Tommaso de' Cavallieri : «C° Tomaso se questo schizzo non vi piace ditelo a Urbino, che io abbi tempo d'averne fatto un altro domani dissera, vi promessi o se vi piace e voggiate che io lo finisca ».

C'est sans doute la première esquisse qui a servi pour la gravure de N. Beatrizet. Cette même composition, avec de légers changements, se trouve dans la collection de Windsor. Mariette, à la fin de *la Vie de Michel-Ange*, par Condivi, parle longuement de ce dessin; M. Charles Clément l'a signalé dans son ouvrage sur Michel-Ange, Léonard de Vinci et Raphaël. (Gravé dans la *Gazette des Beaux-Arts*, t. IX, p. 207.)

(*Appartient à M. Malcolm.*)

72. BUONARROTI. Un Séraphin portant un globe; à droite, une figure d'homme nu. — A la plume et au bistre. — H. 0,155, L. 0,188.

Collections Mariette, His de Lasalle.

(*Appartient à l'École des Beaux-Arts.*)

73. BUONARROTI. Étude d'homme nu, vu de face, marchant vers le spectateur. — A la plume et au bistre. — H. 0,355, L. 0,183.

Collection Mariette.
Peut-être une étude pour la statue le *David* de Florence.

(*Appartient à M. Gatteaux.*)

74. BUONARROTI. Figure d'homme nu, assis, tourné vers la droite, tenant dans la main droite une grande corne d'abondance. — A la plume et au bistre. — H. 0,420, L. 0,270.

(*Appartient à M. Jacquesson de la Chevreuse.*)

75. BARTOLOMMEO (Fra della Porta, 1475-1517). L'ange Gabriel, agenouillé, les mains croisées sur la poitrine, la tête inclinée, tourné vers la droite. — Au verso, croquis d'une flagellation du Christ. — A la plume et au bistre. — H. 0,095, L. 0,085.

Collection Thibaudeau.

(*Appartient à M. le marquis de Chennevières.*)

76. BARTOLOMMEO (Fra). *L'Annonciation*. La Vierge assise s'incline pieusement devant l'ange Gabriel;

à gauche, une figure de femme drapée, debout. — A la plume, avec traces de rehauts blancs. — H. 0,160, L. 0,225.

Collection Vallardi, His de Lasalle.

(*Appartient à l'École des Beaux-Arts.*)

77. BARTOLOMMEO (Fra). Un homme debout, les épaules couvertes d'une longue draperie flottante, le bras droit levé, armé d'une épée, chasse devant lui un groupe de douze figures, hommes et femmes, qui s'enfuient, effrayées, vers la droite. — Au verso, groupe de vieillard et de jeune homme, debout et drapés. Sur la droite, étude de figure debout, vue de face, paraissant représenter saint Michel, entièrement couvert d'une armure, et drapé d'un long manteau, par-dessus lequel sont indiquées des ailes. — A la plume, sur croquis au crayon. — H. 0,165, L. 0,230.

Collections Drovery, F. Reiset.

Peut-être *le Christ chassant les réprouvés*, étude pour la fresque *le Jugement dernier*, peinte dans les dernières années du xve siècle pour la chapelle du cimetière de *Santa-Maria Nuova.*

(*Appartient à Mgr le duc d'Aumale.*)

78. BARTOLOMMEO (Fra). Saint Joseph, debout au pied d'un piédestal sur lequel la Vierge, tenant l'Enfant Jésus, est assise. Un ange sur la marche inférieure, jouant de la mandoline. — A la plume, sur croquis à la pierre noire. — H. 0,150, L. 0,235.

Collections Reynolds, Drovery, F. Reiset.

Toutes ces figures sont prises de profil. On dirait que l'artiste a voulu se rendre compte de l'effet de sa composition, en la disposant en ce sens.

(*Appartient à Mgr le duc d'Aumale.*)

79. BARTOLOMMEO (Fra). Étude d'après nature pour un groupe de la Vierge et de l'Enfant Jésus. La Vierge assise, tenant de la main gauche un livre sur ses genoux; les jambes sont nues. — Au verso, figure

de saint debout, le bas du corps drapé, dans la main droite une palme. — Aux crayons noir et blanc, sur papier gris. — H. 0,290, L. 0,155.

Collections Dupan, F. Reiset.

(*Appartient à Mgr le duc d'Aumale.*)

80. BARTOLOMMEO (Fra). Étude d'un saint Georges, debout, armé, tenant une lance et une bannière. — H. 0,350, L. 0,160.

Première esquisse pour une des principales figures du tableau représentant la Vierge entourée de saints, au palais Pitti. Ce tableau, exécuté par Fra Bartolommeo pour son couvent de Saint-Marc, est longuement décrit par Vasari, qui dit, en parlant du Saint-Georges : « Fecivi innanzi per le figure principali un San-Georgio armato, che ha un stendardo in mano; figura fiera, pronta, vivace e con bella attitudine. »

(*Appartient à M. Malcolm.*)

81. BARTOLOMMEO (Fra). Le Christ sur un piédestal, bénissant, avec des anges au dessous. — Au crayon noir, sur papier brun. — H. 0,270, L. 0,170.

Collections T. Lawrence, Robinson.

Évidemment une première étude (avec de nombreux changements toutefois) pour la peinture conservée au palais Pitti, *le Christ ressuscitant et les Évangélistes* qui, selon Vasari, fut exécutée pour Salvator Billi, marchand de Florence, et placée originairement dans l'église de l'*Annonciation.*

(*Appartient à M. Malcolm.*)

82. BARTOLOMMEO (Fra). Le Christ ressuscité, assis sur le sépulcre. Une main tient une bannière, l'autre s'élève pour bénir. Au bas de la composition, le globe terrestre, surmonté d'un cartouche sur lequel quatre anges soutiennent un calice ; quatre autres anges sont placés de chaque côté de la composition. — Au crayon noir, sur papier teinté brun clair, cintré dans le haut. — H. 0,253, L. 0,153.

Collections T. Lawrence, Robinson.

Etude avec changements pour le tableau du palais Pitti (voir le numéro précédent).

(*Appartient à M. Malcolm.*)

83. SARTO (Andrea del, 1487-1531). *La Parabole du vigneron dans le vignoble.* Au centre de la composition, le maître du vignoble, vu de dos, parle aux vignerons; du côté opposé, deux autres vignerons travaillant la terre. — A la plume, au bistre, sur papier brun teinté. — H. 0,240, L. 0,350.

Collections Denon, T. Lawrence.

Cette composition fut peinte à fresque par Andrea del Sarto (1512-13) dans le jardin des *Serventi* à Florence, avec un autre sujet tiré des paraboles du Christ. La fresque exécutée d'après le présent dessin fut détruite par la chute du mur sur lequel elle était peinte (1704). Mais les deux compositions sont connues par les gravures publiées au XVIe siècle. Le présent dessin est gravé en fac-simile dans l'ouvrage de Denon.

(*Appartient à M. Malcolm.*)

84. SARTO (Andrea del). *Saint Jean baptisant le Christ.* Au centre, saint Jean versant l'eau d'une coupe sur la tête du Christ agenouillé. A droite, une figure d'homme, debout, les vêtements jetés sur les épaules, et un jeune garçon nu sur le bord du ruisseau. Du côté opposé, un homme assis sur un roc, s'habillant; derrière lui, une foule de spectateurs. — Plume, lavé de bistre, avec rehauts blancs, sur papier brun. — H. 0,195, L. 0,310.

Collections Roi de Hollande, Leembruggen.

Étude pour une des fresques du cloître de la *Confraternità degli Scalzi* à Florence, exécutée en 1514.

(*Appartient à M. Malcolm.*)

85. SARTO (Andrea del). Enfant ailé, nu, debout, portant sur son épaule un large vase. Au verso, étude d'un bras et d'une jambe nus. — A la sanguine. — H. 0,170, L. 0,095.

Collection F. Reiset.

Ce dessin rappelle la manière de Raphaël à qui il a été attribué.

(*Appartient à Mgr le duc d'Aumale.*)

86. SARTO (ANDREA DEL). Portrait de femme assise, tenant un livre de la main gauche. La robe est garnie de manches ajustées sur le bras, et bouffantes près de l'épaule. Les traits paraissent être ceux de Lucrezia Fede, femme d'Andrea del Sarto. — A la sanguine. — H. 0,195, L. 0,160.

Collection F. Reiset.

(Appartient à Mgr le duc d'Aumale.)

87. SARTO (ANDREA DEL). Tête de jeune femme (probablement encore Lucrezia Fede) vue de trois quarts, à gauche, coiffée d'un bonnet, les yeux baissés. — A la sanguine. — H. 0,233, L. 0,178.

Collection His de Lasalle.

(Appartient à l'École des Beaux-Arts.)

88. RICCIARELLI (DANIELE, DA VOLTERRA. 1509-1566). Étude de figure nue, en raccourci. — A la sanguine. — H. 0,340, L. 0,290.

Collection Robinson.

Étude pour une des figures de la *Descente de croix* dans l'église de la *Trinità del Monte* à Rome. (Celle de l'homme qui, appuyé sur l'un des bras de la croix, aide à descendre le corps du Christ.)

(Appartient à M. Malcolm.)

89. PENNI (LUCA, vers 1500 ?). *Vénus au bain.* Figure nue tournée à gauche, tenant un miroir; auprès d'elle une urne à deux anses. — Au crayon lavé de bistre. — H. 0,266, L. 0,133.

Collection Desperet.

Cette figure se retrouve dans une grande composition, des femmes au bain, gravée par un Anonyme de l'école de Fontainebleau (Bartsch, t. XVI, p. 415).

(Appartient à M. Armand.)

90. CELLINI (BENVENUTO, 1500-1571). *Persée,* nu, debout, coiffé du casque ailé, le bras gauche étendu

en avant, la main tenant la tête de Méduse; au-dessous une autre étude de la même tête. Au pied du Persée, le corps décapité de la Gorgone, et plus haut, deux croquis pour le même corps. — H. 0,230, L. 0,188.

Étude pour le groupe en bronze de la *Loggia* de Florence.

(*Appartient à M. A. Castellani.*)

91. VANNI (FRANCESCO, 1565-1610). Femme accroupie, les mains croisées sur les genoux. Elle porte une robe sur laquelle est jetée une draperie. — Au crayon noir et à la sanguine, — H. 0,243, L. 0,175,

(*Appartient à M. Gatteaux.*)

92. BELLA (STEFANO DELLA, 1610-1664). Exercice de carrousel. Cinq groupes de cavaliers galopant vers un même but. A gauche et à droite du groupe le plus éloigné, des pages tiennent des torches enflammées. — A la plume, lavé d'aquarelle. — H. 0,330, L. 0,220.

Collection Vallardi.

(*Appartient à M. le marquis de Chennevières.*)

ÉCOLES OMBRIENNE ET ROMAINE

93. SANTI (GIOVANNI, ? -1494). *La Résurrection.* Le Christ ressuscité est debout sur un sépulcre ouvert, en forme de sarcophage, une main élevée bénissant, l'autre tenant une bannière ornée d'une croix. Quatre soldats romains endormis sont groupés autour de la tombe. Dans le fond un paysage, avec

arbres, montagne et une ville dans le lointain. — A la plume, lavé de bistre. — H. 0,380, L. 0,370.

Collections Bertini, Robinson.
A comparer avec la fresque, *la Résurrection du Christ,* dans l'église *S. Domenico* à Cagli (Ombrie).

(*Appartient à M. Malcolm.*)

94. BRAMANTE (Donato da Urbino, dit, 1444-1514). Quinze personnages drapés à l'antique, dont un soldat et un évêque, autour d'un tombeau que l'on vient d'ouvrir; l'un d'eux se penche pour regarder dans l'intérieur du tombeau; un autre tient le couvercle. Au fond une campagne semée de monuments en ruine, parmi lesquels on distingue un arc de triomphe et une colonne. — A la plume et au bistre. H. 0,261, L. 0,235.

Collections Vasari, Mariette, comte de Fries, His de Lasalle.
L'attribution de ce dessin au Bramante est due à Vasari.

(*Appartient à M. Armand.*)

95. VANNUCCI (Pietro Perugino, 1446-1524). Figure de vieillard debout, tourné à droite, coiffé d'un bonnet, enveloppé d'un mantean, tenant un livre dans la main gauche. — A la pointe d'argent sur papier préparé gris. — H. 0,280, L. 0,165.

Étude pour le Pythagore d'une fresque de la *Sala di Cambio,* à Pérouse.

(*Appartient à M. Mitchell.*)

96. VANNUCCI. Deux figures debout, l'une à gauche, un jeune homme; l'autre à droite, un vieillard avec longue barbe, tenant un livre de la main droite. — Pointe d'argent, lavé de bistre et rehaussé de blanc sur papier préparé brun. — H. 0,225, L. 0,215.

Collection Wellesley.
La figure du vieillard est une deuxième étude pour le Pythagore du *Cambio* de Pérouse.

(*Appartient à M. Malcolm.*)

97. VANNUCCI. Personnage debout, drapé, tenant un livre de la main gauche. — A la plume. — H. 0,310, L. 0,150.

Collections lord Somers, Lanschring, général Griois, F. Reiset. Troisième étude pour le Pythagore du *Cambio* de Pérouse.

(Appartient à Mgr le duc d'Aumale.)

98. VANNUCCI. *Mariage de la Vierge.* Groupe de trois figures. Joseph passe l'anneau au doigt de la Vierge; au centre, le grand prêtre, debout, rapproche leurs mains. — A la pointe d'argent, avec rehauts blancs, sur fond préparé brun pâle. — H. 0,210, L. 0,275.

Collection Wellesley.
Étude du groupe principal du tableau *lo Sposalizio*, exécuté pour l'autel de la chapelle du Sacrement dans le dôme de Pérouse. Ce tableau est aujourd'hui au musée de Caen; Raphaël s'en est inspiré pour son *Sposalizio,* conservé au musée Brera de Milan. Au verso, une note du Dr Wellesley indiquant qu'une autre étude à la sanguine, pour le même groupe, se trouve à l'Albertine de Vienne.

(Appartient à M. Malcolm.)

99. VANNUCCI. Tête de vieillard vu de profil, tourné vers la droite. — Au verso, la Justice assise sur les nuages. Elle tient l'épée de la main droite, de la main gauche la balance. — A la pierre noire. — H. 0,270, L. 0,265.

Collections Révil, F. Reiset.
Étude du saint Joseph pour le même *Sposalizio* de Caen; une étude de la tête de la Vierge est au musée du Louvre.

(Appartient à Mgr le duc d'Aumale.)

100. VANNUCCI. Deux figures d'hommes debout. L'un tire de l'arc, l'autre arme une arbalète. — A la plume. — H. 0,240, L. 0,250.

Collection F. Reiset.
Étude pour la fresque de Panicale, le *Martyre de saint Sébastien.*

(Appartient à Mgr le duc d'Aumale.)

101. VANNUCCI. Deux enfants se dirigeant vers la gauche. A droite, enfant assis. — A la plume, lavé et légèrement gouaché, sur papier teinté. — H. 0,210, L. 0,290.

Collection F. Reiset.

(*Appartient à Mgr le duc d'Aumale.*)

102. VANNUCCI. Saint debout, la main droite sur la poitrine, la main gauche tendue en avant. Corps drapé, jambes nues. — Au pinceau et au bistre. — H. 0,365, L. 0,220.

Collections Denon, F. Reiset.

(*Appartient à Mgr le duc d'Aumale.*)

103. VANNUCCI. Le Père Éternel, assis sur des nuages, tient un globe dans sa main. Un chérubin de chaque côté. — Au verso, la figure agenouillée d'un des trois mages. — A la plume. — H. 0,278, L. 0,187.

Collection Richardson, J. Barnard.
Étude pour la figure du Tout-Puissant qu'on voit au centre du plafond de la *Stanza de la Torre Borgia* au Vatican, où se trouvent aussi *les Sarrasins à Ostie, l'Incendie du Bourg* et autres fresques de Raphaël.

(*Appartient à M. Malcolm.*)

104. VANNUCCI. Tête de vieillard à longue barbe, vu presque de face à gauche, coiffé d'une sorte de turban. — A la plume et au bistre. — H. 0,210, L, 0,157.

(*Appartient à M. Albert Goupil.*)

105. PINTURICCHIO (Bernardino, 1454-1513). Six figures assises de docteurs ou jurisconsultes en droit canon; huit autres figures debout derrière elles, dans le fond. Les marches d'un trône, des colonnes et une échappée à travers laquelle on aperçoit un paysage, sont indiquées dans le champ du dessin.

— Pointe d'argent, avec rehauts blancs, sur papier préparé bleu gris. — H. 0,253, L. 0,184.

Collection Wellesley.

Étude préparatoire pour la partie gauche d'une fresque de la bibliothèque de Sienne. Deux des trois têtes, à gauche, dans le fond, semblent être les portraits (?) du Pérugin et du jeune Raphaël.

(Appartient à M. Malcolm.)

106. SANTI (RAFFAELLO, dit RAPHAEL SANZIO, 1483-1520). Étude de deux jeunes bergers nus, debout. L'un vu presque de dos, tourné vers la droite, appuyé sur un long bâton; l'autre vu de face, tenant dans ses bras un jeune chevreau renversé, tourne la tête à gauche vers son compagnon. — A la plume et au bistre. — H. 0,310, L. 0,200.

Collections Mariette, M. Price, Thibaudeau.

(Appartient à M. le marquis de Chennevières.)

107. SANTI, DIT RAPHAEL. *La Fuite de Loth.* Loth tient ses deux filles par la main et les entraîne vers la gauche. Derrière eux la femme de Loth se retourne. Au fond, la porte et les murailles de Sodome enveloppées de flammes et de fumée. — A la plume et au bistre, avec rehauts bleus. Traces de la mise au carreau. — H. 278, L. 223.

Collections Rutgers, Willes, Drovery, Dimsdale, Lawrence, Woodburn, Roi de Hollande, Galichon.

Esquisse pour la fresque des Loges. Une note de la main de Mariette apprend qu'avant de lui appartenir, ce dessin a passé par les collections de la reine Christine de Suède et de Crozat.

(Appartient à M. A. Armand.)

108. SANTI, DIT RAPHAEL. Femme agenouillée, les mains jointes, la tête tournée vers le ciel. A gauche, tête d'homme penchée en avant. — Très-légèrement exécuté à la plume. — H. 0,165, L. 0,115.

Collections Timothée d'Urbin, Crozat, Révil, F. Reiset.

Étude pour un Saint Étienne martyr.

(Appartient à Mgr le duc d'Aumale.)

109. SANTI, DIT RAPHAEL. Quatre figures d'hommes nus en diverses attitudes. L'un est vu de dos, l'autre de face; un troisième est agenouillé. — A la plume. — H. 0,230, L. 0,170.

Collections Lagoy, Barni, Reiset.

(*Appartient à Mgr le duc d'Aumale.*)

110. SANTI, DIT RAPHAEL. Étude des trois figures d'Heures jetant des fleurs, pour la composition du *Festin des Dieux*, qui se voit au plafond de la Farnésine. 1517? — A la sanguine. — H. 0,195, L. 0,350.

Collections Cédron, F. Reiset.

Ce dessin est fait en entier d'après nature. Le modèle qui a servi à Raphaël est cette même femme, probablement la Fornarine, d'après laquelle il exécuta presque tous les dessins de cette époque, notamment le dessin de *Vénus et Psyché* que l'on voit au Louvre, et qui est la première pensée de l'un des sujets de la même décoration. En 1518, Raphaël, ayant à peindre pour François Ier son grand tableau de la *Sainte Famille*, y transporta, simplement et sans aucun changement, l'une des figures dont le présent dessin est l'étude.

(*Appartient à Mgr le duc d'Aumale.*)

111. SANTI, DIT RAPHAEL. Première pensée de la *Dispute du Saint-Sacrement*. Composition de 20 figures représentant les Docteurs et les Pères de l'Église, formant divers groupes, dont l'ordonnance générale se retrouve, quoique avec de très-grandes différences, dans la fresque. — A la plume, lavé de bistre et largement rehaussé de blanc. — H. 0,220, L. 0,410.

Collections Mariette, Reiset.

Ce dessin doit dater de 1508. Il a été exécuté à l'arrivée de Raphaël à Rome. Gravé par Caylus, lorsqu'il se trouvait dans le cabinet de Mariette et décrit dans le catalogue de cette collection sous le no 688, il a paru depuis à la vente Randon de Boisset en 1777, sous le no 278, et enfin en dernier lieu à la vente Roger, 1841, no 48. Mariette possédait en outre la première pensée de la *Gloire*, qui couronne cette composition. Ce dernier dessin, dont l'exécution était identique à celle du présent, se trouvait il y a quelques années en Angleterre, et doit y être encore.

(*Appartient à Mgr le duc d'Aumale.*)

112\. SANTI, dit RAPHAEL. Feuille d'études d'anges pour la partie supérieure de la fresque *la Dispute du Saint-Sacrement* du Vatican. Au bas de la feuille, une esquisse des deux bras d'une des figures, avec indication des draperies. Au verso, les trois mêmes figures, de moindre dimension, se rapprochant plus de celles de la fresque, et une plus sommaire esquisse d'une des figures du recto (vers 1508). — Pierre d'Italie. — H. 0,258, L. 0,355.

Collections T. Lawrence, Robinson.

Ces anges sont ceux qui sont placés à droite de la *Gloire* dans le haut de la fresque. On remarque surtout trois figures d'anges volant, vus jusqu'aux genoux, que l'on peut reconnaître dans la peinture, malgré de notables changements. A comparer avec une autre étude d'ange pour la même fresque, dans la collection d'Oxford.

(*Appartient à M. Malcolm.*)

113\. SANTI, dit RAPHAEL. Groupe composé de quatre figures drapées : la Vierge évanouie est soutenue par trois saintes femmes. — A la plume et au bistre. — H. 0,310, L. 0,203.

Collections Antaldi, T. Lawrence, Roi de Hollande, Leembruggen.

Étude pour l'*Ensevelissement du Christ* (1507), tableau conservé dans la galerie Borghèse à Rome.

(*Appartient à M. Malcolm.*)

114\. SANTI, dit RAPHAEL. Le squelette de la Vierge est soutenu par une sainte femme. A part, trois études de têtes pour les saintes femmes formant le groupe. — A la plume, et au bistre. — H. 0.295, L. 0,200.

Collection Antaldi, T. Lawrence, roi de Hollande, Leembruggen.

Ces deux dessins ont été longtemps conservés dans la famille du marquis Antaldi de Pesaro, héritier de Timoteo Viti, ami et légataire de Raphael. Ils ont été reproduits dans la *Lawrence Gallery* de Woodburn ; celui qui nous montre les figures drapées a été gravé au XVIe siècle par un des élèves de Marc-Antoine (Bartsch. XV, p. 123, n° 50).

(*Appartient à M. Malcolm.*)

115. SANTI, DIT RAPHAEL. Moine tenant de ses deux mains un livre dans lequel il lit avec attention. — A la pierre noire. — H. 0,460, L. 0,350.

Collections baron Denon, F. Reiset.

Très-analogue au carton *Sainte Catherine* conservé au musée du Louvre, exécuté vers 1505.

(Appartient à Mgr le duc d'Aumale.)

116. SANTI, DIT RAPHAEL. Tête de Vierge, vue presque de face, le regard baissé, couverte d'un voile. — A la pointe d'argent. — H. 0,266, L. 0,196.

Collections Ottley, T. Lawrence, Woodburn, Roi de Hollande, Wellesley.

Étude d'après nature faite pendant les premiers temps du séjour de Raphaël à Florence. Woodburn la regarde, à tort, comme le portrait de la sœur de Raphaël (Passavant, vol. II, p. 538). Gravé en fac-simile par Lewis dans Ottley, "Italian School of Design", p. 47.

(Appartient à M. Malcolm.)

117. SANTI, DIT RAPHAEL. Étude pour une tête d'apôtre de la *Transfiguration*, celle de l'apôtre âgé, dans la partie gauche de la composition, près du centre, se penchant en avant pour regarder l'enfant possédé. — A la pierre d'Italie. — H. 0,268, L. 0,200.

Collections de Rover, T. Lawrence, Roi de Hollande, Leembruggen.

Gravé dans la *Lawrence Gallery*, nº 26; une copie du temps se trouve dans la collection de l'Université d'Oxford et faisait partie, avec le présent dessin, de la collection Lawrence.

(Appartient à M. Malcolm.)

118. SANTI, DIT RAPHAEL. *Combat d'enfants*. Carton coupé en deux morceaux par le milieu : à gauche, trois enfants, dont un monté sur un sanglier; à droite, quatre enfants, dont un monté aussi sur un sanglier. Il manque un morceau important de la

figure placée au bord du dessin. — A la pierre noire, sur papier gris brun. — H. 0,530, L. 1,250.

Collections Vallardi, F. Reiset.

Dessin mutilé : au-dessus d'une des figures on voit sur un entablement deux pieds appartenant à un enfant qui a disparu; ce qui montre que la composition était en hauteur et qu'une portion considérable a été coupée. Dans le sens de la largeur il ne manque qu'un détail d'ornement au milieu. Exécuté vers 1504-1505.

(*Appartient à Mgr le duc d'Aumale.*)

119. SANTI, DIT RAPHAEL. *La Résurrection du Christ.* Dans le haut, Jésus-Christ, entouré d'un chœur d'anges, apparaît sur des nuages. Dans le bas, sur le bord de la tombe ouverte, un ange assis montre le groupe céleste. Sur les premiers plans, des soldats étonnés ou terrifiés. Toutes les figures sont nues. — A la plume et au bistre. — H. 0,407, L. 0,274.

Collection T. Lawrence.

Étude pour un tableau qui ne fut point exécuté. On trouve à Oxford, à Windsor et à Lille d'autres études d'après nature pour ce même tableau.

(*Appartient à M. Mitchell.*)

120. SANTI, DIT RAPHAEL. Homme nu, marchant à droite, le bras gauche levé, le bras droit serré contre la poitrine, la main droite tenant un glaive. La tête levée est vue de côté. — A la pierre noire. — H. 0,365, L. 0,207.

Collection Vallardi.

Étude pour un des soldats de la fresque du Vatican *la Bataille de Constantin*. Dans la fresque, le soldat, vêtu d'une tunique, saisit par la bride le cheval d'un ennemi.

(*Appartient à M. Gatteaux.*)

121. SANTI, DIT RAPHAEL. Étude pour l'une des figures de la fresque des *Sibylles* dans l'église *della Pace*. Ange volant et déroulant un papier. La figure est nue. Étude du corps et des jambes du même ange drapés. Dans le bas, étude du bras et de l'é-

paule, d'après nature. — A la sanguine. — H. 0,255, L. 0,400.

Collections Barni, F. Reiset.

La date de la fresque est approximativement fixée à 1511. Ce dessin a fait partie du cabinet du prince de Ligne. Il a été décrit dans le Catalogue de cette collection, sous le n° 2, par Adam Bartsch, qui ajoute la mention suivante : *Ce superbe dessin a été acheté à Rome par monsieur d'Argenville, 150 livres.*

(*Appartient à Mgr le duc d'Aumale.*)

122. SANTI, DIT RAPHAEL. Groupe de cinq figures nues, pour une composition de *Sainte Famille*. Au verso, deux figures nues, assises, dont une tient un instrument de musique ; et l'étude du torse d'un homme qui porte un fardeau. — A la plume. — H. 0,370, L. 0,245.

Collections Timothée d'Urbin, Révil, F. Reiset.

Gravé par Leroy. Étude d'un tableau que Raphael exécuta ou du moins commença vers 1506 pour Domenico Canigiani ; aujourd'hui à la Pinacothèque de Munich. La composition n'a pas varié dans son ensemble; seul le saint Joseph, vu de dos dans le présent dessin, est de face dans la peinture. Ce dernier croquis paraît appartenir à l'une des figures de la *Mise au Tombeau*, que Raphaël peignit à la même époque (le tableau porte la date de 1507), pour la famille Baglioni; aujourd'hui dans la galerie Borghèse.

(*Appartient à Mgr le duc d'Aumale.*)

123. SANTI, DIT RAPHAEL. Fragment d'une descente de croix. Madeleine accroupie, les mains jointes; derrière elle, saint Jean en prière et trois autres figures debout. Dans le coin en bas, à droite, d'une écriture postérieure : RAFAELE d'URBINO. — H. 0,257 L. 0,190.

Collection John Barnard.

Le dessin de toute la composition est au musée d'Oxford; ce fragment en est le côté droit, avec quelques changements. Il semble postérieur au dessin d'Oxford.

(*Appartient à M. Gay.*)

124. RAPHAEL (*attribué à*). *Sainte Famille.* La Vierge, assise, tenant sur ses genoux l'Enfant Jésus, porte la main sur l'épaule du petit saint Jean. Saint Joseph et un autre saint personnage, debout, contemplent cette scène avec attention. — A la plume et lavé de bistre. —H. 0,240, L. 0,155.

Collection F. Reiset.

(Appartient à Mgr le duc d'Aumale.)

125. RAPHAEL (ÉCOLE DE). La Vierge, assise, tient sur ses genoux l'Enfant Jésus, qu'elle presse entre ses bras. Deux anges, les ailes déployées, soutiennent une couronne sur sa tête. Six autres anges sont agenouillés à droite et à gauche. — A la plume, lavé de bistre et rehaussé de blanc. — H. 0,285, L. 0,235.

Collection Roger, F. Reiset.

(Appartient à Mgr le duc d'Aumale.)

126. VITI (TIMOTEO, 1467-1523). D'après Raphaël. La Vierge, assise au milieu d'un paysage, tient debout, contre ses genoux, l'Enfant Jésus. Le petit saint Jean, agenouillé, tient de sa main gauche la croix, et de la droite un petit chien. — A la plume. — H. 0,230, L. 0,165.

Collections Crozat, Mariette, Roger, F. Reiset.
Le dessin original de Raphaël n'est autre que la première pensé du tableau *la Belle Jardinière*, ayant appartenu à M. Révil-Il a ensuite passé en Angleterre et se trouve aujourd'hui chez M. Timbal. Il est beaucoup moins terminé que la copie.

(Appartient à Mgr le duc d'Aumale.)

127. ÉCOLE ROMAINE (COMMENCEMENT DU XVIe SIÈCLE.) Partie droite d'un monument funéraire se trouvant dans une des sacristies de l'église *Santa Maria del Popolo* à Rome. Sur la même feuille d'autres études d'architecture. — A la plume, lavé de bistre. — H. 0,270, L. 0,187.

(Appartient à M. de Beckerath.)

128. PIPPI (GIULIO, DIT GIULIO ROMANO, 1492-1546). *Mercure*, suivi d'un bélier et d'une bacchante, s'avance vers un trône où sont assis Jupiter et Junon, près desquels se tient debout Neptune. — A la plume, lavé de bistre, mis au carreau. — H. 0,090, L. 0,190.

Collection Boilly.

(Appartient à M. le marquis de Chennevières.)

129. PIPPI (GIULIO). *Enlèvement de Proserpine*. Pluton, debout sur un char traîné par quatre chevaux au galop, tient Proserpine étendue dans ses bras, la tête et les bras rejetés en arrière. En bas, à gauche, une Naïade étendue. Au-dessus des chevaux, Vénus et l'Amour, torches en main, montrent le chemin; derrière le char, à droite, deux femmes à l'attitude éplorée; la robe de l'une est pleine de fleurs qui tombent des mains de Proserpine. Signé en toutes lettres. — A la plume et lavé de bistre. — H. 0,305 L. 0,575.

Collection His de Lasalle.
Gravé en fac-simile par Leroy.

(Appartient à l'École des Beaux-Arts.)

130. PIPPI (GIULIO). *La Chute de Phaéton*. — Aquarelle. Forme octogone. — H. 0,290, L. 0,295.

Collections Richardson, J. Barnard, Reynolds, général Griois, F. Reiset.

Ce dessin a servi pour l'exécution d'un des plafonds du palais du T, à Mantoue.

(Appartient à Mgr le duc d'Aumale.)

131. BONACCORSI (DIT PERINO DEL VAGA, 1499-1547). Un chœur d'anges soutenant des nuages et s'enlevant dans les cieux; au-dessous d'eux plane le Saint-Esprit, figuré par une colombe. — A la plume,

lavé de bistre avec rehauts blancs, sur papier jaune. — H. 0,247, L. 0,427.

Collection His de Lasalle.
Sans doute la partie inférieure d'une *Ascension*.

(*Appartient à l'École des Beaux-Arts.*)

132. BONACCORSI. *Les Dix mille Martyrs.* — Très-terminé, à la plume, lavé de bistre et rehaussé de blanc. Forme ogivale. — H. 0,360, L. du bas, 0,350.

Collections Mariette, Barni, F. Reiset.
Mariette rapporte en ces termes les circonstances au milieu desquelles il fut exécuté : *Grassante peste et in cœnob. camaldul. secedens, hanc Christian. Militum passionem delineabat, ut refert Vasarius, Petrus Bonacorsi vulgo Perino del Vaga.* Vasari cite, dans la Vie de Perino, ce dessin en lui adjoignant l'épithète de *divino*.

(*Appartient à Mgr le duc d'Aumale.*)

133. CARAVAGGIO (Polidoro Caldara da, 1495-1543). Fragment d'une Bacchanale. Sur le devant à gauche, femme demi-nue assise à terre, tenant une corne d'abondance ; derrière elle un homme portant une amphore sur l'épaule ; au centre, femme vue de dos, tenant une chèvre ; à droite une femme s'enfuit. — A la plume et au bistre. — H. 0,168, L. 0,272.

(*Appartient à M. A. Armand.*)

134. CARAVAGGIO. Un vase dont l'anse est formée d'une figure humaine se terminant en queue de poisson. Le bas-relief du pourtour représente des jeux d'enfants. — A la plume et lavé de bistre. — H. 0,210, L. 0,130.

Collections Mariette, Lagoy, F. Reiset.

(*Appartient à Mgr le duc d'Aumale.*)

135. CARAVAGGIO. Projet de décoration pour une chapelle. Deux statues de saintes à droite et à gauche.

Le sujet principal représente le Christ déposé de la croix, entourée de saintes femmes. Dans le cintre du haut, la résurrection du Christ. — A la plume et lavé. — H. 0,340, L. 0,255.

Collections Mariette, F. Reiset.

(*Appartient à Mgr le duc d'Aumale.*)

136. CARAVAGGIO. Vase orné de figures de femmes dansant. — A la plume, lavé et rehaussé de blanc sur papier bleu. — H. 0,195, L. 0,135.

Collections Mariette, Rutxhiel, F. Reiset.

(*Appartient à Mgr le duc d'Aumale.*)

137. BAROCCI (FEDERIGO 1528-1612).Tête de jeune fille de profil, à gauche, les yeux levés. — Fusain et sanguine. — H. 0,320, L. 0,265.

Collection His de Lasalle.

(*Appartient à Mme White.*)

138. ZUCCHERO (FEDERIGO. 1542-1609). Portrait à mi-corps de Michel-Ange, assis, tourné à droite, la tête de trois quarts, les bras croisés, la main gauche tombant sur les genoux. — Aux deux crayons. — H. 0,440, L 0,330.

Étude pour le portrait conservé au musée du Capitole.

(*Appartient à M. Dumesnil.*)

ÉCOLE BOLONAISE

139. MAZZOLINI (LODOVICO, vers 1480-1530). Sujet inconnu, que l'on suppose être une scène biblique. Au fond, sur un trône élevé, siège un personnage coiffé d'un bonnet à oreilles retroussées. A droite et à gauche, jusqu'au premier plan, de nombreux vieil-

lards debout, vêtus à l'orientale, qui semblent des docteurs. Entre les deux groupes de vieillards jouent quatre enfants, dont deux se roulent sur les premiers degrés du trône. — A la plume, lavé et rehaussé de blanc. — H. 0,370, L. 0,270.

(*Appartient à M. le marquis de Chennevières.*)

140. PRIMATICCIO (FRANCESCO, 1504-1570). *Les Plaisirs de l'Été.* — A la sanguine, rehaussé de blanc sur papier teinté. — H. 0,320, L. 0,398.

Collections Mariette, Lagoy, T. Lawrence.
Étude pour un des pendentifs de la galerie Henri II, à Fontainebleau.

(*Appartient à Mgr le duc d'Aumale.*)

141. PRIMATICCIO. *L'Automne.* Un jeune homme nu, chargé d'une manne pleine de raisins, la jambe droite levée, le pied posé sur une marche. — Derrière lui, un enfant nu joue avec deux panthères. — A la plume lavé de bistre. — H. 0,222, L. 0,127.

Collection His de Lasalle.

(*Appartient à M. A. Armand.*)

142. CARRACCI (ANNIBALE, 1560-1609). Trois études de femmes drapées. Au verso, études d'hommes nus, debout, vus de profil. L'un d'eux tient de ses deux mains une espèce de brancard.—A la plume et lavé d'encre de Chine.—H. 0,280, L. 0,170.

Collection F. Reiset.

(*Appartient à Mgr le duc d'Aumale.*)

143. GUERCINO (GIOVANNI-FRANCESCO BARBIERI, 1591-1666). Sainte Famille dans une sorte de cadre dont le haut est cintré. Deux séraphins tiennent une couronne au-dessus du groupe. — A la plume et au bistre. — H. 0,245, L. 0,200.

Collection John Barnard.

(*Appartient à M. Dumesnil.*)

ÉCOLE LOMBARDE

144. ZENALE (Bernardino Martini, 1436-1526, *attribué à*). Saint Marc, assis sur un trône, sous un dais du style de la Renaissance italienne, soutenu par des colonnes corinthiennes, dans l'attitude de la prédication. A droite, un groupe de six figures agenouillées; à gauche, quatre autres figures en prière. Toutes sont habillées de frocs à capuchon. — Au pinceau, lavé de bistre. — H. 0,257, L. 0,183.

Collections T. Lawrence, Esdaile. Woodburn.

(*Appartient à M. Malcolm.*)

145. ÉCOLE LOMBARDE (commencement du xvie siècle). Modèle de monument funéraire. L'ordonnance et les détails de l'architecture sont d'une grande richesse et d'une grande élégance. Des ornements, composés d'armes et d'armures, et des bas-reliefs représentant des combats, paraissent indiquer la sépulture d'un guerrier. Dans le haut du monument, sous un baldaquin soutenu par plusieurs anges et surmonté de la figure du Christ, le personnage est agenouillé devant un prie-Dieu. Il est drapé de longs vêtements; un ange semble recueillir sa prière. Dans le bas, on le voit à moitié couché sur un lit, entouré de trois anges dont l'un paraît converser avec lui. Au-dessus du lit, dans un cintre, le corps du Christ soutenu par deux anges. De nombreuses figures de saints et de saintes, d'enfants tenant de écussons, complètent la composition. Enfin l'artiste a représenté, assis de chaque côté au pied du monument, deux gardes armés de hallebardes. — Très terminé et lavé de bistre de différents tons. — H. 0,450 L. 0,290.

Collection du roi Charles Ier, Jabach, Crozat, de Cédron, F. Reiset.
Le Louvre possède un autre projet de la même main pour un

tombeau de femme, peut-être l'épouse du personnage précédent. Ce projet vient également de la collection Jabach.

(*Appartient à Mgr le duc d'Aumale.*)

146. MARCO DA OGGIONO (vers 1460-1530). Compositions diverses sur la même feuille : deux *Adorations des mages; — la Circoncision; — Jésus enfant prêchant devant les docteurs.* — A la plume. — H. 0,230, L. 0,200.

(*Appartient à M. le marquis de Chennevières.*)

147. MARCO DA OGGIONO. Compositions diverses sur la même feuille : Jésus-Christ assis à table entre Marthe et Marie. — Un prophète assis, vers lequel vole un ange. — La rencontre de sainte Anne et de saint Joachim à la porte d'Or. — Deux groupes de docteurs, pour la composition de *Jésus enfant prêchant dans le temple.* — A la plume, lavé de bistre. — H. 0,230, L. 0,210.

(*Appartient à M. le marquis de Chennevières.*)

148. ÉCOLE LOMBARDE (COMMENCEMENT DU XVIe SIÈCLE). Tête de jeune homme (Apollon?), couronnée de lauriers, un peu inclinée sur l'épaule gauche; cheveux longs et bouclés. — A la pierre d'Italie. H. 0,225, L. 0,207.

Collection E. Piot.

(*Appartient à M. Gustave Gruyer.*)

149. LUINI (BERNARDINO, vers 1470 après 1530). Portrait en buste du peintre milanais Blaise Arcimboldi, plus petit que nature. Dans le bas, d'une ancienne écriture, ces mots : *Blasij Arcimboldi pictoris imago. Bernardino Lovino fa.* — A la pierre d'Italie; le fond à la détrempe, gris foncé. — H . 0,233 L. 0,147.

Collection Andréossy.

(*Appartient à M. Malcolm.*)

150. LUINI. L'enfant Jésus et le petit saint Jean, vus à mi-corps, s'embrassant. — A la pierre d'Italie. — H. 0,250, L. 0,305.

Collection His de Lasalle.

(*Appartient à l'École des Beaux-Arts.*)

151. SESTO (CESARE DA). (COMMENCEMENT DU XVIe SIÈCLE). Quatre études diverses pour une figure de saint Jean-Baptiste. — A la plume et à la sanguine. — H. 0,250, L. 0,165.

Pour le tableau, *le Baptême du Christ*, de la galerie du duc Scotti, à Milan.

(*Appartient à M. le marquis de Chennevières.*).

152. BAZZI (GIO. ANTONIO, DIT LE SODOMA, 1477-1549). *Sainte Catherine de Sienne évanouie, soutenue par des anges.* — Pierre d'Italie, rehaussé de blanc, sur papier gris. — H. 0,420, L. 0,265.

Collections Mariette, Lagoy, T. Lawrence.
Première pensée pour une fresque dans l'église de San Domenico, à Sienne.

(*Appartient à M. Malcolm.*)

153. MAZZOLA (FRANCESCO PARMEGIANO, 1503-1540). Figure de Vierge, debout, vue de face, tenant un livre de la main gauche. — Au bistre, largement rehaussé de blanc, sur papier jaunâtre. — H. 0,240, L. 0,105.

Collections général Griois, F. Reiset.

(*Appartient à Mgr le duc d'Aumale.*)

154. ÉCOLE LOMBARDE (XVIe SIÈCLE). Tête de vieille femme baissée, vue de profil à gauche. — A la sanguine. —H. 0,145, L 0,127.

(*Appartient à M. de Beckerath.*)

155. ALLEGRI (ANTONIO, DIT LE CORRÈGE, 1494-1534). Feuille d'études pour un des pendentifs triangulaires de la coupole de Parme : figure en raccourci d'un

des quatre évangélistes assis sur des nuages et soutenus par des anges qui volent. La figure de l'apôtre et celle de l'ange principal sont répétées plusieurs fois. — Au verso, une étude sommaire de petits Amours dans des nuages. — Plume, lavé de bistre. Le verso à la sanguine. — H. 0,260, L. 0,142.

Collections Reynolds, Wellesley.

(*Appartient à M. Malcolm.*)

156. ALLEGRI, DIT LE CORRÈGE. Feuille d'études d'anges nus, vus en raccourci. — A la sanguine, sur papier teinté brun pâle. — H. 0,265, L. 0,390.

Collections Holditch, Reynolds, T. Lawrence, Leembruggen. Études pour des figures de la coupole du dôme de Parme.

(*Appartient à M. Malcolm.*)

157. ALLEGRI, DIT LE CORRÈGE. Feuilles d'études d'anges, sans doute pour les fresques de Parme. Deux figures d'anges terminées; deux autres esquissées, à droite dans le bas de la feuille. La grande figure de droite est vue de face tenant des deux mains une banderole; celle de gauche assise ou couchée, bras et jambes étendus, tient également une banderole à peine indiquée. — A la sanguine. — H. 0,220, L. 0,370.

Collections John Clerk, Lord Eldin, Winstanley.

(*Appartient à M. Malcolm.*)

158. ALLEGRI, DIT LE CORRÈGE. Quatre études de têtes d'enfants. — A la sanguine. — H. 0,085, L. 0,175.

Collections du comte d'Arundel, Barni, F. Reiset.

(*Appartient à Mgr le duc d'Aumale.*)

159. ALLEGRI, DIT LE CORRÈGE. Quatre figures d'Amour volant. — A la sanguine. — H. 0,193, L. 0,142.

Collection Boilly.

(*Appartient à M. A. Armand.*)

160. ALLEGRI, DIT LE CORRÈGE (*d'après*). Étude pour la partie supérieure de la figure de la Vierge, placée au centre de la fresque du dôme de Parme. A côté un ange nu. — A la sanguine. — H. 0,220. — L. 0,355.

Collections Bouverie, Robinson.

(*Appartient à M. Malcolm.*)

161. ABBATE (NICCOLO DELL' 1512-1571). *Le Parnasse.* Au centre, Apollon, assis, jouant de la basse de viole; plus bas, les Muses assises, divisées en deux groupes, chantent et jouent de divers instruments; dans le haut, à gauche, Pégase. — A la plume, lavé de bistre et rehauts blancs. — H. 0,299, L. 0,296.

Collection Destailleur.
Gravé en petit par Étienne Delaulne.

(*Appartient à M. A. Armand.*)

162. ABBATE (NICCOLO DELL'). Huit anges en pied portant les instruments de la Passion. — Au bistre, rehaussé de blanc sur fond bistre; piqués sur le contour pour servir de poncif. — H. 0,225, L. 0,135 chacun.

Figures en pied exécutées pour les grands émaux de Léonard Limousin (dits émaux de la Sainte-Chapelle) conservés au musée du Louvre.
Collections Norblin, Galichon.

(*Appartient à M. A. Armand.*)

ÉCOLE VÉNITIENNE

163. PISANO (VITTORE, vers 1380-1451). Deux dessins sur la même monture : 1° Une chasse au sanglier par deux hommes nus et deux chiens. Au verso, deux anges d'après les sculptures de Donatello à Prato. A la plume. H. 0,190, L. 0,120. — 2° Une

figure de fleuve assis, tenant une corne d'abondance, d'après l'antique; dans les coins de la même feuille, deux petites figures d'Amours, l'un debout, l'autre agenouillé. Au verso, deux figures de femmes debout, d'après l'antique. — A la plume, lavé légèrement. — H. 0,135, L. 0,200.

Collection Legrand.

Ces deux dessins sur vélin (qui sont évidemment de la même main que les nombreuses études de Pisanq, faisant partie du précieux volume de dessins de Léonard et autres maîtres, acquis par le Louvre des héritiers Vallardi) proviennent de la collection Legrand, formée en Suède et en Russie et vendue, il y a quelques années, à Paris.

(*Appartient à M. le marquis de Chennevières.*)

164. PISANO. Femme couverte d'un riche manteau avec fleurs brodées en vert et longues franges rouges et vertes. Deux études de jeunes cavaliers revêtus de longs manteaux brodés. En haut, à gauche, au-dessus de la tête de la femme, un profil d'homme, à la pointe d'argent, sans doute une étude pour un médaillon en bronze. Au verso trois études pour un saint, avec divers croquis de cigognes. — A la plume, avec rehauts d'aquarelles. — H. 0,265, L. 0,180.

Collections Lagoy, Esdaile, Woodburn et Galichon.

(*Appartient à M. Gustave Dreyfus.*)

165. PISANO. Un seigneur et une dame en habits de gala. Au verso, étude à la plume de diverses figures. — Sur vélin, à la plume et lavé d'aquarelle. — H. 0,275, L. 0,160.

Collections Lagoy, F. Reiset.

(*Appartient à Mgr le duc d'Aumale.*)

166. MANTEGNA (Andrea, 1431-1506). Tête de jeune homme vu de profil, tourné à gauche, plus petit

que nature. — A la plume, lavé de bistre. — H. 0,240, L. 0,170.

Collection de Janzé.

(*Appartient à M. Malcolm.*)

167. MANTEGNA. *Hercule et l'Hydre de Lerne.* Le demi-dieu, en raccourci, frappe le serpent de sa massue; il serre fortement de la main gauche le reptile qui s'enroule autour de son bras; il a pour tout vêtement un manteau flottant sur les épaules. — A la plume, lavé de bistre. — H. 0,290, L. 0,175.

Collections Léon Feuchère, His de Lasalle.

(*Appartient à M. Malcolm.*)

168. MANTEGNA. Fragment d'un Triomphe. Devant un monument orné d'une guirlande, que surmonte un aigle les ailes déployées, passent de nombreux prisonniers, hommes, femmes et enfants, marchant vers la gauche. Ils sont suivis de musiciens; les uns jouent de la flûte, d'autres chantent en s'accompagnant de la lyre. — Très-terminé, à la plume et au bistre. — H. 0,260, L. 0,275.

Collections Drovery, F. Reiset.

(*Appartient à Mgr le duc d'Aumale.*)

169. MANTEGNA. Empereur romain assis sur un char triomphal, traîné par des chevaux richement caparaçonnés; un soldat, couvert d'une peau de lion, lève un étendard. — A la plume, lavé de bistre. — H. 0,270, 0,272.

Collection Wellesley.

Ces deux dessins semblent des études pour un des cartons de Mantoue, conservés à Hampton Court.

(*Appartient à M. Malcolm.*)

170. MANTEGNA. Tête d'homme, grande comme nature, vue de trois quarts à gauche, coiffée d'une toque. — A la plume. — H. 0,198, L. 0,150.

Collection Desperet.

(*Appartenant à Mgr le duc d'Aumale.*)

171. MANTEGNA. *Le Christ descendant aux limbes.* Il est vu de dos, tenant une bannière, à la porte des Enfers, au-dessus de laquelle trois démons volant sonnent du cor. A gauche, le bon larron, nu, délivré, tenant une croix; à droite deux autres hommes et une femme nus (ce groupe est très-endommagé). — A la plume et au bistre. — H. 0,373, L. 0,280.

Collection His de Lasalle.

Cette composition a été gravée par Mantegna (Bartsch, t. XIII, p. 216).

(Appartient à l'École des Beaux-Arts.)

172. MANTEGNA (*attribué à*). *Judith avec la tête d'Holopherne.* L'héroïne biblique est drapée à l'antique; elle met la tète d'Holopherne dans un sac ouvert que tient une vieille négresse. — Au pinceau lavé de bistre. Très-endommagé par l'humidité. — H. 0,300, L. 0,190.

Collection Robinson.

Cette composition a été gravée par Mozzeto (Bartsch, t. XIII p. 219). Un dessin analogue au Louvre, don de M. Gatteaux; un autre, évidemmeut l'original, aux Offices de Florence.

(Appartient à M. Malcolm.)

173. ÉCOLE DE MANTEGNA. Fragment d'un crucifiement. Dans un paysage, deux guerriers jouant aux dés; deux autres, appuyés contre le bois de la croix, les regardant. Dans le haut, soldats et cavaliers; à l'arrière-plan, sur une montagne, quelques châteaux forts. — A la plume et au bistre. — H. 0,140, L. 0,210.

(Appartient à M. de Beckerath.)

174. ÉCOLE DE MANTEGNA. *Allégorie.* Un cadavre de femme debout, les mains jointes, drapé dans son suaire doublé de rouge, dévoré des pieds à la tète par les vers de la mort. Fond de paysage, des montagnes à gauche, un château dans le lointain à

droite. En haut, sur un cartel, l'inscription suivante : « *Exhorrescite et gemite formidolosum gloriæ et fastus exitum.* » — Miniature sur vélin. — H. 0,195, L. 0,120.

Collection Alph. David.

(*Appartient à M. le marquis de Chennevières.*)

175. PIZZOLO (vers 1460, *attribué à*). Fragment d'un crucifiement. Le Christ en croix ; sur une autre croix, à droite, le mauvais larron se débattant. Sur le premier plan, à droite, un cavalier vu de dos et un soldat agenouillé tirent au sort les vêtements du Sauveur. — A la plume, lavé de bistre, sur vélin. — — H. 0,275, L. 0,195.

Collection Thibaudeau.
La composition complète se trouve au *British Museum.*

(*Appartient à M. le marquis de Chennevières.*)

176. ROSEX (DIT NICOLETTO DA MODENA, COMMENCEMENT DU XVIe SIÈCLE). Dessins d'ornement pour un projet architectonique, formés de grotesques et de deux écussons tenus par des Amours debout et assis. — H. 0,225, L. 0,177.

(*Appartient à M. Malcolm.*)

177. ROSEX (DIT NICOLETTO DA MODENA). Dessins d'ornement pour un projet architectonique, avec grotesques, Amours et deux écussons ornés de la figure de saint Sébastien ; ce même saint dans un médaillon. — A la plume, lavé de bistre et teinté de cramoisi, de bleu et autres couleurs. — H. 0,225, L. 0,175.

(*Appartient à M. Malcolm.*)

178. BELLINI (GENTILE, 1421-1501). Feuille d'études d'après nature. Deux groupes de figures en costume turc et deux chevaux, exécutés sans doute à Constantinople pendant la résidence de Bellini à la cour de

Mahomet II, en 1479. Au milieu de la feuille, au premier plan, un groupe de trois figures assises, couvertes de manteaux; deux d'entre elles portent de hauts chapeaux en forme de mitre; la troisième coiffée d'un volumineux turban en fourrure. Une des trois tient un faucon sur le pouce. A droite, un cheval vu de derrière en raccourci; sur son cou, presque illisibles, ces mots *di rosso...*, indiquant la couleur de l'animal. A gauche, un autre cheval paissant, en raccourci; au-dessus, au second plan, cinq Turcs conversant; un d'eux porte sous le bras une petite boîte carrée. En bas, la signature *Zambelin*, d'une écriture très-ancienne, probablement contemporaine. — H. 0,210, L. 0,320.

Collection Robinson.

Zambelin, abréviation vénitienne de Giovani Bellini. L'auteur de la signature aura confondu Giovanni et Gentile.

(Appartient à M. Malcolm.)

179. BELLINI (GENTILE). Tête d'homme vu de profil et tourné vers la gauche; coiffée d'une toque. — Aux crayons noir et blanc, sur papier gris. — H. 0,360, L. 0,230.

Collection F. Reiset.

(Appartient à Mgr le duc d'Aumale.)

180. BELLINI (GENTILE, *attribué à*). Tête de jeune femme vue de trois quarts, à gauche, les cheveux épars. Étude pour une sainte. — A la pierre d'Italie, lavée d'encre de Chine. — H. 0,210, L. 0,160.

Collection His de Lasalle.

(Appartient à l'École des Beaux-Arts.)

181. BELLINI (GIOVANNI, 1427-1516). Un Apôtre guérissant un pauvre lépreux assis dans la boutique d'un savetier. Composition de cinq figures. — A la plume, lavé de bistre. — H. 0,185, L. 0,175.

Collection Woodburn.

(Appartient à M. le marquis de Chennevières.)

182. BELLINI (Gio.). La Vierge, vue de face, assise sur un trône, tient sur ses genoux l'Enfant Jésus debout. Saint Jean-Baptiste et saint Jérôme sont debout à droite et à gauche. — A la plume, lavé et largement rehaussé de blanc sur papier gris. — H. 0,195, L. 0,240.

Collections Révil, F. Reiset.

(*Appartient à Mgr le duc d'Aumale.*)

183. BELLINI (Gio.). Le Christ, debout sur des nuages, tenant le globe du monde dans ses mains. A ses pieds, un chœur de chérubins. — Au pinceau, lavé de bistre, rehaussé de blanc, sur papier gris. — H. 0,390, L. 0,190.

Collection Robinson.

De la même époque que l'*Ascension* du musée de Naples, dont le Christ ressemble beaucoup à celui du présent dessin.

(*Appartient à M. Malcolm.*)

184. BELLINI (Gio.). Fragment d'une *Annonciation*. L'ange Gabriel agenouillé, tourné à droite, enveloppé de larges draperies. — A la plume, lavé d'aquarelle, avec rehauts blancs. — H. 0,240, L. 0,170.

On connaît de Gaudenzio Ferrari des dessins de la même facture et du même style.

(*Appartient à M. de Beckerath.*)

185. CARPACCIO (Vittore, ?-1519, *attribué à*). Composition allégorique de cinq figures. Une femme debout à demi drapée tient par le bras un homme nu; entre ces deux figures une tête d'homme; à gauche un Satyre rampe sur le sol; un homme nu, âgé et décrépit, avec une longue barbe, s'appuie sur l'épaule du Satyre et semble causer avec lui. — Plume, lavé de bistre. — H. 0,203, L. 0,190.

Collections Vasari, Robinson.

M. Robinson attribue ce dessin à Lorenzo Costa. Vasari, dans la collection duquel il se trouvait, le donne à Carpaccio.

(*Appartient à M. Malcolm.*)

186. CIMA (?) (GIOVANNI BATTISTA DA CONEGLIANO, FIN DU XVe SIÈCLE). Feuille d'étude : Sirène et deux Amours, Au dessous un cortège de dieux marins. Au recto, Amours et ornements. — A la plume et au bistre. — H. 0,240, L. 0,195.

La Sirène et les deux Amours se trouvent sur le fronton d'un temple dans le tableau, *la Guérison de saint Anianus*, conservé au musée de Berlin.

(*Appartient à M. de Beckerath.*)

187. ÉCOLE VÉNITIENNE (1505). Buste d'homme, vu de profil à gauche, coiffé d'une calotte. Au bas, une inscription peu lisible : « *J... Bellini Victor discipulus*, 1505. » Dans le haut, quelques mots illisibles. —Au bistre, relevé à la plume, avec rehauts blancs. — H. 0,108, L. 0,088.

Peut-être le portrait de Jean Bellini par Victor (Carpaccio ou Camelo).

(*Appartient à Mgr le duc d'Aumale.*)

188. ÉCOLE VÉNITIENNE (1505). Buste d'homme, vu de profil à gauche, coiffé d'une calotte. Dans le bas, cette inscription : « *Victorem discipulum suum Bellinus pinxit*, 1505. » — Au bistre, relevé à la plume, avec rehauts blancs. — H. 0,110, L. 0,090.

Portrait de Victor (Carpaccio ou Camelo) par Bellini, si l'inscription est authentique (?).

(*Appartient à Mgr le duc d'Aumale.*)

189. ÉCOLE PRIMITIVE DE L'ITALIE DU NORD (vers 1480). Buste d'homme portant une barrette, — Bistre, avec rehauts blancs, sur papier gris. — H. 0,347, L. 0,250.

Collections N. Hone, Wellesley.

(*Appartient à M. Malcolm.*)

190. BARBARELLI, DIT LE GIORGIONE (1477-1511). Portrait d'homme à mi-corps. La tête, couverte

d'une toque, est vue presque de face. La main droite est levée, la main gauche tient des gants. — A la plume. — H. 0,115, L. 8,105.

Collection F. Reiset.

(*Appartient à Mgr le duc d'Aumale.*)

191. BARBARELLI. Un homme jouant du luth; une femme nue, vue de dos, assise à terre près de lui, avec une flûte dans ses mains; des moutons et un groupe d'arbres à gauche au premier plan; à droite, dans le lointain, des montagnes et un village. — H. 0,225, L. 0,228.

Collection Wellesley.

Gravé au XVIIe siècle par Valentine Le Febvre. La figure de femme se retrouve dans le *Concert champêtre* du musée du Louvre.

(*Appartient à M. Malcolm.*)

192. CAMPAGNOLA (GIULIO, 1482 ?-?). *Saint-Jean-Baptiste*, debout, vu de face, la coupe baptismale dans la main droite; la main gauche relève les plis d'un manteau qui laisse voir une jambe. — H, 0,315, L. 0,220.

Collections T Lawrence, Woodburn, Galichon.

Gravé par Giulio Campagnola (Bartsch, t. XIII, p. 351) décrit et reproduit dans *la Gazette des Beaux-Arts*, t. XIII, pages 338 et 339. La figure du saint est un décalque de la gravure de Mozzeto (Bartsch, t. XIII, p. 219); les fonds sont de Campagnola.

(*Appartient à M. Louis Galichon.*)

193. CAMPAGNOLA (DOMENICO, COMMENCEMENT DU XVIe SIÈCLE). Paysage avec figures sur le premier plan. A demi-distance une petite colline rocheuse couronnée d'un bouquet d'arbres; au delà une rivière avec village et château à tours rondes. Deux figures de grande dimension, l'une assise, l'autre agenouillée, semblant regarder deux autres figures qu'on voit paraître au second plan. Signé de la main de l'artiste, DOMENICO CAMPA-

GNOLA. — A la plume, lavé de bistre. H. 0,186, L. 0,272.

Collections Mariette, de Fries, Durand (?), T. Lawrence.

(*Appartient à M. Malcolm.*)

194. ÉCOLE VÉNITIENNE (COMMENCEMENT DU XVIe SIÈCLE). Paysage; château-fort accessible seulement par un pont; à droite, un homme conduisant une barque. — A la plume. — H. 0,117, L. 0,175.

(*Appartient à M. Louis Galichon.*)

195. ÉCOLE VÉNITIENNE (COMMENCEMENT DU XVIe SIÈCLE). Vierge et enfant sur un trône dans une niche richement décorée. — Miniature sur vélin. — H. 0,230, L. 0,170.

Collection His de Lasalle.

(*Appartient à Mme White.*)

196. ÉCOLE VÉNITIENNE (PREMIÈRE MOITIÉ DU XVIe SIÈCLE). Jeune homme nu, couché contre un arbre dans un paysage — A la plume et au bistre. — H. 0,150, L. 0,210.

Collection Vallardi.
Un dessin tout à fait analogue est conservé aux Offices de Florence.

(*Appartient à M. de Beckerath.*)

197. ÉCOLE VÉNITIENNE (PREMIÈRE MOITIÉ DU XVIe SIEDLE). Saint Jean-Baptiste, nu, debout, les bras levés comme pour baptiser le Christ. Dans le fond, une ville. — A la plume et au bistre. — H. 0,270, L. 0,170.

(*Appartient à M. de Beckerath.*)

198. ÉCOLE VÉNITIENNE (COMMENCEMENT DU XVIe SIÈCLE). Buste d'homme, tourné à droite de trois quarts, coiffé d'une calotte; un manteau garni de fourrure sur les épaules. — A la pierre d'Italie, sur papier gris. — H. 0,340, L. 0,350.

(*Appartient à M. Jean Gigoux.*)

199. VECELLIO, DIT LE TITIEN (1477-1576). Un homme, renversé à terre, poignardé par un meurtrier. Derrière le groupe, un arbre. — A la plume et au bistre. — H. 0,195, L. 0,145.

Collections Spencer, His de Lasalle.
Première pensée de *Saint Pierre martyr.*

(*Appartient à l'École des Beaux-Arts.*)

200. VECELLIO, DIT LE TITIEN. Un Meurtrier poignardant un homme. — Plume, lavé de bistre sur papier préparé brun clair. — H. 0,130, L. 0,138.

Collections T. Lawrence, Reynolds, Esdaile, Wellesley.
Étude pour le tableau *Saint Pierre martyr*, détruit en 1867 dans l'incendie de la sacristie de l'église *SS. Giovani e Paolo* à Venise. Un dessin analogue dans la collection de M. Sackville Bale.

(*Appartient à M. Malcolm.*)

201. VECELLIO DIT LE TITIEN. *La Nativité.* Saint Joseph et la Vierge agenouillés se penchant sur le berceau de Jésus. A gauche, un berger à genoux. Au fond, une étable devant laquelle sont couchés le bœuf et l'âne; sur le pignon du toit, deux anges dont un frappe du tambourin. — Plume et lavé de bistre. — H. 0,250, L. 0,170.

Collections comte de Fries, T. Lawrence, Esdaile, Wellesley.

(*Appartient à M. Malcolm.*)

202. VECELLIO, DIT LE TITIEN. Paysage. Au second plan, un bourg couronne les pentes rocheuses des bords d'un lac. Sur le premier plan, à gauche, deux figures descendent, l'une d'elles portant sur l'épaule deux lièvres pendus à un bâton. Au centre, une figure couchée, avec une écharpe et chapeau à plume. — Plume, lavé de bistre. — H. 0,250, L. 0,405.

Collections J. Barnard, T. Lawrence, Esdaile.

(*Appartient à M. Malcolm.*)

203. VECELLIO, DIT LE TITIEN. Paysage avec saint

Hubert. A gauche, le cerf miraculeux, avec le crucifix entre les cornes, débouche de la forêt. Le Saint est agenouillé devant lui, au premier plan, au centre de la compositien. Son cheval est tout à fait à droite. Dans les fonds, un paysage, rochers avec des ruines. A la plume et au bistre. — H. 0,215, L. 0,315.

Collections Denon, Esdaile, Wellesley.

Ce dessin, des premiers temps du maître, a été gravé dans l'œuvre du baron Denon, T. II, p. 125.

(*Appartient à M. Malcolm.*)

204. VECELLIO, DIT LE TITIEN. Paysage. Au premier plan, vers la droite, un jeune Satyre monte à un arbre pour en cueillir les fruits; un autre, au pied de l'arbre, lui tend, pour les recevoir, un pan de la peau de bête dont il est à demi vêtu. A droite, au pied d'un autre arbre, groupe de deux satyres et d'une femme assise, vue de dos. Au premier plan à gauche, autre Satyre suivi de trois chèvres. — A la plume et au bistre. — H. 0,255, L. 0,405.

Collection Andréossy.

(*Appartient à M. le marquis de Chennevières.*)

205. VECELLIO, DIT LE TITIEN. Paysage. Le soleil vient de se coucher derrière les montagnes de l'horizon. Sur le premier plan, plusieurs figures d'hommes et d'animaux à peine indiquées. — A la plume et au bistre. — H. 0,400, L. 0,310.

Collections Mariette, général Griois, F. Reiset.

(*Appartient à Mgr le duc d'Aumale.*)

206. VECELLIO, DIT LE TITIEN. Un lion saisissant une laie qui cherche en vain à s'enfuir. — A la plume et au bistre. — H. 0,180, L. 0,240.

Collections Lagoy, général Griois, F. Reiset.

Ce dessin a été gravé en Italie, dans le cabinet de l'abbé Bianconi.

(*Appartient à Mgr le duc d'Aumale.*)

207. VECELLIO, DIT LE TITIEN. Vénus nue, endormie au milieu d'un paysage. Trois enfants dorment près d'elle. — A la plume et au bistre; piqué. — H. 0,085, L. 0,245.

Collections général Griois, F. Reiset.

(Appartient à Mgr le duc d'Aumale.)

208. VECELLIO, DIT LE TITIEN. Étude de paysage. Terrain montueux; arbres et arbustes ombrageant un petit toit rustique. — A la plume et au bistre. — H. 0,220, L. 0,310.

(Appartient à M. F. Ravaisson.)

209. VECELLIO, DIT LE TITIEN. Feuille d'études de figure d'après nature. Dans la partie supérieure, à gauche, une figure de jeune homme en raccourci, vêtu du costume ordinaire de l'époque, couché sur le dos, protégeant ses yeux contre la lumière avec les deux mains. Du côté opposé, une étude des deux genoux de la même figure. En bas, le même personnage agenouillé, la tête baissée, cachée dans ses bras qui reposent sur une pierre. Une autre étude du même, la tête en avant, appuyé sur les mains et les genoux, comme s'il se penchait sur un précipice. Raccourci très-hardi. — A la pierre d'Italie, rehaussé de blanc, sur papier gris. — H. 0,260, L. 0,440.

Collection Robinson.

(Appartient à M. Malcolm.)

210. LUCIANI (FRA SEBASTIANO DEL PIOMBO, 1485 - 1547). La Vierge, vue à mi-corps, couverte de draperies transparentes, assise, soutient l'Enfant Jésus debout (la tête de l'enfant manque). — A la pierre noire, avec rehauts blancs sur papier gris. — H. 0,338, L. 0,232.

Étude pour le tableau conservé au musée de Naples.

(Appartient à M. Gatteaux.)

211\. LUCIANI (Fra Sebastiano del Piombo). Étude d'un guerrier tenant la hampe d'une lance ou d'un drapeau. Il s'avance vers les spectateurs, la tête tournée à gauche et renversée. Au verso, un dessin à la plume d'une figure nue fortement en raccourci. — A la sanguine. — H. 0,354, L. 0,140.

Collections Reynolds, Robinson.

(*Appartient à M. Malcolm.*)

212\. PALMA (Jacopo dit PALMA VECCHIO, vers 1480-1548). La Vierge assise, tenant l'Enfant Jésus; la tête de la Vierge est inclinée vers la droite; l'Enfant nu retourne sa tête vers la gauche. — A la sanguine. — H. 0,140, L. 0,120.

Collection du comte Gelozzi.

(*Appartient à M. le marquis de Chennevières.*)

213\. CAROTTO (Giovanni Francesco, 1470-1546). Saint Martin à cheval, vu de face et en raccourci, coupant son manteau pour en donner la moitié à un pauvre, dont on ne voit que le bras. — A la sanguine. — H. 0,300, L. 0,165.

Collections du général Griois, F. Reiset.
Exécuté à fresque à Venise ou à Vérone.

(*Appartient à Mgr le duc d'Aumale.*)

214\. MAITRE A LA RATIÈRE (commencement du xvie siècle. *Attribué au*). *Bataille de Marignan.* Sur le premier plan, François Ier charge à la tête de ses troupes; dans le fond, deux épisodes de la journée: Mathias Schinner, cardinal de Sion, amenant les Suisses; puis, ce même cardinal dirigeant la retraite. — Miniature sur vélin, non achevée. — H. 0,215, L. 0,313

(*Appartient à Mgr le duc d'Aumale.*)

215\. CALIARI (Paolo, dit PAOLO VERONESE, 1528-1588). La Madeleine debout, serrant avec le bras gauche le pied de la croix; la Vierge évanouie, soutenue par saint Jean. — A la pierre noire, lavé d'encre et rehaussé de blanc sur papier bleuâtre. H. 0,380, L. 0,245.

Collections Vallardi et Thibaudeau.

(Appartient à M. le marquis de Chennevières.)

216. CALIARI, DIT PAOLO VERONESE. Trois docteurs de l'Église, debout, devisant sur les saintes Écritures. Celui du milieu, qui tient le livre saint, est coiffé de la tiare. — A la plume et à la pierre noire, lavé et rehaussé de blanc. — H. 0,260, L. 0,245.

Collection Gelozzi.

Le tableau pour lequel a été fait ce dessin se trouve à Milan.

(Appartient à M. le marquis de Chennevières.)

217. CALIARI, DIT PAOLO VERONESE. Un homme assis porte la main sur l'épaule d'un jeune homme debout devant lui, et paraît l'engager à prendre des armes indiquées vers la gauche. — Exécuté du premier coup de pinceau trempé dans le bistre. — H. 0,185, L. 0,250.

Collection F. Reiset.

(Appartient à Mgr le duc d'Aumale.)

218. CALIARI, DIT PAOLO VERONESE. Le Christ mort. Le corps du Christ est étendu sur une bière, recouvert d'un poêle; autour, les instruments de la Passion. Au-dessous de la bière, un squelette étendu sur le sol; sur le poêle, cette inscription en lettres capitales : « *Qui mortem... moriendo destruxit.* » —A l'encre de Chine, avec rehauts blancs sur papier préparé gris foncé. — H. 0,139, L. 0,278.

Collection Robinson.

(Appartient à M. Malcolm.)

219. CALIARI, DIT PAOLO VERONESE. — Un évêque assis sur un trône accueille un jeune religieux agenouillé, accompagné de deux femmes (la Foi et la Charité?). Dans les nuages, un ange volant; au premier plan à gauche, un lion accroupi. — A la plume et au bistre. — H. 0,173, L. 0,109.

Collection Desperet.

(*Appartient à M. A. Armand.*)

220. CALIARI, DIT PAOLO VERONESE. Sainte Famille, avec saint Jean enfant et sainte Catherine. En plein air près d'un palais. — Crayon noir, lavé de bistre sur papier gris. — H. 0,196, L. 0,208.

Collection Robinson.

(*Appartient à M. Malcolm.*)

221 et 221 *bis*. TIEPOLO (DOMENICO, 1693-1770). Deux feuilles : Satyres et femmes Satyres. Signé. — A la plume, lavé de bistre. — H. 0,190, L. 0,270.

(*Appartient à M. Bottolier.*)

222. TIEPOLO (D.). *Daphné changée en laurier*. Signé. — A la plume, lavé de bistre. — H. 0,260, L. 0,310.

(*Appartient à M. Bottolier.*)

223. TIEPOLO (D.). Saint François en adoration devant la Vierge et l'Enfant Jésus, planant dans les airs au-dessus de lui. A côté du saint groupe, séraphins et têtes de chérubins. — A la plume, lavé de bistre. H. 0,405, L. 0,265.

(*Appartient à M. Dumesnil.*)

224. TIEPOLO (D.). Vénus et l'Amour, accompagnés de chérubins, s'enlevant au-dessus de la mer, dans des nuages. — H. 0,440, L. 0,247.

Projet pour un plafond.

(*Appartient à M. Dumesnil.*)

225. CANAL (ANTONIO, DIT CANALETTO. 1697-1768). Vue de Venise, probablement prise de Mestre, avec collines dans le fond. Signé des initiales et daté 1741. — A la plume, lavé de bistre. — H. 0,292, L. 0,432.

Collection Wellesley.

(Appartient à M. Malcolm.)

226. CANALETTO. *La Piazza* de Venise, animée de figures. — A la plume, lavé d'encre de Chine. — H. 0,370, L. 0,260.

Collection Wellesley.

(Appartient à Mgr le duc d'Aumale.)

227. CANALETTO. Environs de Venise. A droite une fabrique avec remise de gondoles et bouquet d'arbres. A gauche, au premier plan, une barque avec rameurs assis ; quelques personnages sur la lagune. Au centre, une tour en ruines, et dans le fond, à l'horizon, la coupole d'une église. — Plume, lavé de bistre et d'encre de Chine. — H. 0,190, L. 0,272.

Collection Wellesley.
Catalogué ainsi par le docteur Wellesley : Vue dans le lointain de la « Torre Malghera ».

(Appartient à M. Malcolm.)

228. GUARDI (FRANCESCO, 1712-1793). Vue du grand canal de Venise. Au centre, l'église des *Scalzi*. — A la plume, lavé d'encre de Chine. — H. 0,305, L. 0,455.

Collection Desperet.

(Appartient à M. Armand.)

229. GUARDI. La *Place Saint-Marc*, avec la façade de l'Église et une partie des *Procuraties*. Tentes et personnages. — A la plume, lavé de bistre. — H. 0,290, L. 0,385.

Collection Guichardot.

(Appartient à M. Dutuit.)

ÉCOLE ESPAGNOLE

230. VELASQUEZ (DIEGO VELASQUEZ DE SILVA, 1599-1660). Étude de jeune homme vu de dos, peignant sur une grande toile placée devant lui ; dans sa main gauche il tient une grande palette carrée et un appuie-main sur lequel, à en juger d'après l'attitude du personnage, repose la main droite. Il est vêtu d'une large chemise ou blouse; ses bras, ses jambes et ses pieds sont nus. — A la pierre d'Italie et à la sanguine. — H. 0,381, L. 0,190.

Collection Robinson.

De la première manière du maître; d'une écriture ancienne, ces mots espagnols : « De mano de Diego Belazquez. »

(Appartient à M. Malcolm.)

231. VELASQUEZ. Un pape montant une mule, entre deux cardinaux également sur des mules. Le pape porte la tiare et tient une crosse dans la main gauche. — A la plume, lavé de bistre et rehaussé de blanc, sur papier teinté de brun. — H. 0,393, L. 0,278.

Collections Hawkins, Robinson.

(Appartient à M. Malcolm.)

232. ZURBARAN (FRANCESCO, 1598-1662?). Tête de moine de grandeur naturelle, vue de face, couverte d'un capuchon. — Au crayon noir, lavé de bistre. — H. 0,278, L. 0,250.

Collections Madrazo, Robinson.

(Appartient à M. Malcolm.)

233. CANO (Alonso, 1601-1667). *La Vierge donnant la chasuble à saint Ildefonso.* — H. 0,183, L. 0,310.

Collections Madrazo, Robinson.

Dessin cintré dans le haut. Au bas d'une ancienne écriture espagnole, ces mots : « Di mano di Alonzo Cano ».

(*Appartient à M. Malcolm.*)

234. CANO (A.). *L'Assomption de la Vierge.* La Vierge, les bras élevés et enveloppés de longues draperies flottantes, est portée dans les airs par un chœur d'anges et de chérubins ailés. — A la plume, lavé de bistre. — H. 0,247, L. 0,197.

Collections Madrazo, Robinson.

Le tableau, pour lequel cette étude a été exécutée, se trouve dans une des églises de Tolède.

(*Appartient à M. Malcolm.*)

235. MURILLO (Bartolome Esteban, 1617-1682). Saint Joseph, tenant la baguette fleurissant, agenouillé sur des nuages devant la Vierge et l'Enfant Jésus; ce dernier le couronne d'une guirlande de fleurs; au dessus et au dessous, des anges et des chérubins. —A la pierre d'Italie, sur papier blanc.—H. 0,406, L. 0,285.

Collection Wellesley.

(*Appartient à M. Malcolm.*)

236. MURILLO. Un Saint, agenouillé et soutenu par plusieurs anges, est en extase devant le groupe de la Vierge et de l'Enfant, qui lui apparaît sur un nuage. — A la plume et lavé d'encre sur crayon.— H. 0,250, L. 0,175.

Collection F. Reiset.

(*Appartient à Mgr le duc d'Aumale.*)

237. MURILLO (*attribué à*). Un Saint, probablement saint Antoine, dans un costume de moine, embrassant

l'Enfant Jésus, debout sur un nuage, accompagné de chérubins et de petits anges. — A la sanguine. — H. 0,260, L. 0,190.

Collection Wellesley.

(*Appartient à M. Malcolm.*)

238. GOYA (Francesco, 1760-1830). *La Soumission :* Un jeune moine debout, tourné à droite, enveloppé dans son froc, regarde avec hauteur une religieuse agenouillée devant lui. — A la plume, lavé à l'encre de Chine. — H. 0,170, L. 0,228.

(*Appartient à M. Étienne Arago.*)

ÉCOLE ALLEMANDE

239. SCHONGAUER (MARTIN, ?-1499 *attribué à*). La Vierge avec l'Enfant Jésus, assise sur un banc. — A la plume, rehaussé de blanc, sur papier rouge. — H. 0,181, L. 0,152.

(*Appartient à M. Mitchell.*)

240. ÉCOLE ALLEMANDE DU BAS-RHIN (COMMENCEMENT DU XVIe SIÈCLE). Une femme en costume de l'époque, avec le haut bonnet à coiffe, tient un morion à cimier, placé au-dessus d'un écusson armorié et d'où sort une tête de nègre. — A la plume et au bistre. — Rond. diam. 0,180.

(*Appartient à M. Gay.*)

241. ÉCOLE DE NUREMBERG (COMMENCEMENT DU XVIe SIÈCLE). Deux lansquenets, debout, appuyés sur leurs hallebardes. A droite, un cavalier avec une femme en croupe, à la plume et au bistre. Au verso, un saint personnage vêtu d'un ample et lourd manteau. — H. 0,217, L. 0,314.

(*Appartient à M. Jean Gigoux.*)

242. DURER (ALBERT 1471-1528). Séraphin aux ailes largement déployées, debout, tourné à gauche, jouant d'un luth appuyé sur une balustrade. Signé du monogramme et daté 1497. — A la pointe d'argent

avec rehauts blancs sur papier préparé grisâtre. — H. 0,271, L. 0,191.

Collection T. Lawrence.
Gravé dans la *Gazette des Beaux-Arts*, t. XVI, p. 217, et dans le catalogue illustré de la *Grosvenor Gallery Exhibition* (1877-1878).

(*Appartient à M. Mitchell.*)

243. DURER (Albert). Portrait de *Wilibald Pirkheimer.* Buste vu de profil à gauche, coiffé d'un bonnet posé sur une résille. A gauche, la date 1503. — Au fusain. — H. 0,280, L. 0,210.

Un portrait analogue, évidemment de la même date, coiffé de la résille sans le bonnet, à la pointe d'argent, se trouve dans la collection de M. Blasius à Brunswick.

(*Appartient à M. Dumesnil.*)

244. DURER (Albert). *Jésus devant Pilate.* Le Christ est amené par une foule furieuse devant Pilate, assis dans une stalle de juge. A ses pieds, un petit chien. Dans le fond, à gauche, un portail cintré. — A la plume et au bistre. — H. 0,265, L. 0,195.

Collection T. Lawrence.
Étude pour une des compositions de la *Passion verte* de 1504, conservée à l'Albertine à Vienne.

(*Appartient à M. Dumesnil.*)

245. DURER (Albert). Châteaux forts sur une hauteur escarpée. Premiers plans inachevés. — Aquarelle rehaussée de gouache. H. 0,137, L. 0,137.

Étude faite par Dürer pendant son excursion dans le Tyrol et la Haute-Italie en 1505; feuille détachée d'un carnet de voyage.

(*Appartient à M. Jean Gigoux.*)

246. DURER (Albert). *Le Château de Trente.* — A l'aquarelle. — H. 0,200, L. 0,300.

Collection T. Lawrence.
Étude d'après nature, faite en 1505, lors du voyage de Ve-

nise. De la main de l'artiste « Trent ». Au musée de Brême, une vue de Trente, prise du côté opposé.

(*Appartient à M. Malcolm.*)

247. DURER (Albert). Profil de vieillard tourné à gauche; la tête est entièrement couverte d'une calotte. A gauche, d'une écriture italienne : « *Propia mano de Alberto Durero.* » — Signé du monogramme et daté 1505. — A la pierre d'Italie. — H. 0,225, L. 0,189.

Gravé dans la *Gazette des Beaux-Arts,* t. XVI, p. 316.

(*Appartient à M. Mitchell.*)

248. DURER (Albert). Portrait d'homme, en buste, vu de trois quarts, tourné à gauche, vêtu d'une houppelande; dans la main gauche une équerre. Signé du monogramme et daté 1506. — Au pinceau, à l'encre de Chine, sur papier bleu, avec rehauts blancs. — H. 0,385, L. 0,263.

Collection Andréossy.

Ce portrait est celui de *maître Hieronymus,* architecte du *Fondaco dei Tedeschi,* à Venise, dont dépendait l'église de San-Bartolommeo, pour l'autel de laquelle Dürer fit, en 1506, la *Fête du Rosaire,* aujourd'hui au couvent des Prémontrés, à Prague. Le présent dessin a servi pour la figure d'Hieronymus, placée tout à fait à droite dans le tableau. Gravé, dans la *Gazette des Beaux-Arts,* t. XII, p. 267.

(*Appartient à M. Jean Gigoux*).

249. DURER (Albert). Figure d'apôtre en pied, un genou en terre, enveloppé d'amples draperies, tourné à droite, la tête regardant à gauche, une main tenant un pan du manteau, l'autre levée, l'index tendu. Signé du monogramme et daté 1508. — Au pinceau, à l'encre de Chine, avec rehauts blancs, sur papier préparé verdâtre. — H. 0,350, L. 0,267.

Étude pour un des apôtres placés à gauche dans le *Tableau d'autel de Heller.*

(*Appartient à M. Jean Gigoux.*)

250. DURER (ALBERT). Grande composition pour un tableau de maître-autel. Le sujet principal représente le Père Éternel porté sur les nuages, tenant devant lui le Christ crucifié, qu'il présente à l'adoration des prophètes et des bienheurenx. Le retable du bas est orné d'arabesques d'un goût très-élégant. A droite et à gauche, deux colonnes soutiennent un entablement, sur lequel repose une frise, représentant, d'un côté, les élus reçus dans le ciel par les anges, et de l'autre, les démons précipitant les réprouvés dans la gueule d'un monstre, qui n'est autre que l'enfer. Le compartiment supérieur est de forme cintrée. On y voit le Christ assis, les pieds posés sur un globe, le cou traversé par une épée. A sa droite et à sa gauche, la Vierge et saint Jean agenouillés. Deux anges, assis de chaque côté, sur un chapiteau placé à la naissance du cintre, sonnent de la trompette. Un autre ange, tenant la croix, se trouve au point le plus élevé de la décoration. Signé et daté 1508. — A la plume, lavé de bistre et d'aquarelle. — H. 0,390, L. 0,265.

Collections Denon, général Griois, F. Reiset.

Étude pour le *tableau de Tous les Saints* conservé au Belvédère de Vienne, gravé dans la *Gazette des Beaux-Arts*, t. VII, p. 26.

251. DURER (ALBERT). Profil de vieillard, tourné à droite, regardant en haut. Barbe et cheveux longs. De la main de Dürer ces mots : *Landawer Styfter*. Signé du monogramme et daté 1511. — Au fusain. — H. 0,225, L. 0,189.

Collection T. Lawrence.

Étude pour une figure du *Tableau de Tous les Saints* conservé au Belvédère de Vienne; cette figure est celle du donateur Landauer.

(*Appartient à M. Mitchell.*)

252. DURER (ALBERT). *L'Annonciation.* La Sainte Vierge est assise, vers la droite, sur un siège garni de cous-

sins, sous un baldaquin attaché à la muraille. Devant elle, sur une table, un pupitre garni d'un livre de prières, et une tige de lis placée dans un vase. L'ange Gabriel, levant le bras droit au ciel, lui présente, de la main gauche, un papier sur lequel se lit une inscription. Le maître a indiqué, avec soin et précision, les autres détails de l'ameublement. La signature et la date 1526 apocryphes. — A la plume et lavé d'aquarelle. — H. 0,285, L. 0,210.

Collections Denon, Barni, général Griois, F. Reiset.

(*Appartient à Mgr le duc d'Aumale.*)

253. DURER (Albert). La Vierge, l'Enfant Jésus et sainte Anne, assis sur un tertre de gazon. Signé du monogramme et daté 1514. — A la plume, lavé d'aquarelle. — H. 0,244, L. 0,193.

(*Appartient à M. Mitchell.*)

254. DURER (Albert). Femme assise sur un banc, presque de face, tenant des fleurs dans les mains; costume de bourgeoise; un trousseau de clefs pend à la ceinture. En haut, le monogramme et 1514. — A la plume, et au bistre. — H. 0,217, L. 0,160.

Collections Vallardi, Thibaudeau.
Gravé dans la *Gazette des Beaux-Arts*, t. XVI, p. 244.

(*Appartient à M. Mitchell.*)

255. DURER (Albert). Portrait de Jacob Muffel, bourgmestre de Nuremberg. Buste de trois quarts à gauche, coiffé d'un bonnet. En bas, la date 1517, le monogramme et *Jacob Muffel* de la main de Dürer, à peine lisibles. — Au crayon noir. — H. 0,370, L. 0,275.

Collections Richardson, Spencer, T. Lawrence.
Gravé par Leroy. Il existe un portrait peint à l'huile, de Jacob Muffel dans la collection du prince Narischkine, à Saint-Pétersbourg, daté 1526. Le présent dessin a évidemment servi pour ce portrait.

(*Appartient à M. Dumesnil.*)

256. DURER (Albert). Portrait d'Érasme de Rotterdam, vu en buste, presque de face, coiffé d'un bonnet qui lui couvre le front, enveloppé dans un long manteau, les yeux baissés. En haut : « 1520, *Erasmus fon Rottertam* ». — Au fusain. — H. 0,375, L. 0,270.

Dürer parle de ce dessin dans ses notes de voyage aux Pays-Bas. Gravé dans la *Gazette des Beaux-Arts*, t. XII, p. 269.

(Appartient à M. Jean Gigoux.)

257. DURER (Albert). Portrait d'homme vu de face, coiffé d'un bonnet. En haut, l'inscription suivante : « *1520, Casper sturm alt 45 ior. Zu Ach gemacht.* » Fond de paysage, avec plusieurs maisons et châteaux au bord d'un fleuve. Au verso, vue de l'Hôtel de Ville d'Aix-la-Chapelle (*dz Rathus zu Ach*). — A la pointe d'argent, sur papier préparé. — H. 0,130, L. 0,190.

Collections Denon, F. Reiset.
Gravé dans la *Gazette des Beaux-Arts*, t. XIX, p. 353.

(Appartient à Mgr le duc d'Aumale.)

258. DURER (Albert). Portrait de jeune homme vu de face, coiffé d'un bonnet à larges bords. L'artiste a écrit au dessus de la tête la date 1520 et l'âge de son modèle, XXIIII. Dans le fond, à droite, vue de l'intérieur d'une ville et du clocher de Saint-Michel d'Anvers (*Sanct Michell zu Antorff*). Au verso, vue d'une ville (*Berg-op-Zoom*) posée sur une colline (*zu pergen*). — A la mine d'argent, sur papier préparé. — H. 0,130, L. 0,195.

Collections Denon, F. Reiset.

(Appartient à Mgr le duc d'Aumale.)

259. DURER (Albert). Deux têtes de femmes : l'une est jeune, vue presque de face ; elle a les yeux baissés : l'autre est âgée, vue de trois quarts, tournée vers la gauche. Leur coiffure, à peu près la même,

consiste en une espèce de voile plissé en bonnet, qui leur enveloppe le visage, et tombe en draperie derrière la tête. Au verso, deux autres têtes de femmes, vues de trois quarts. La première porte une coiffure pareille à celles que nous venons de décrire. Le bonnet de la seconde est empesé, et se dresse en avant sur le front. Une grande draperie enveloppe le derrière de la tête, et paraît couvrir tout le corps. Près de chacune de ces têtes, ces mots : *Zu der gus in selant et zu pergen.* (*A Ter-Goes en Zélande et à Berg-op-Zoom.*) — A la mine d'argent, sur papier préparé. — H., 0,130, L. 0,190.

Collections Denon, F. Reiset.

(*Appartient à Mgr le duc d'Aumale.*)

260. DURER (Albert). *Sainte Famille.* La Vierge, assise, tient sur ses genoux l'Enfant Jésus, qui se retourne vers sainte Catherine d'Alexandrie, agenouillée à ses pieds. Derrière ce groupe, saint Jacques le Majeur et saint Jean, debout. A droite, un ange assis, jouant de la mandoline ; à gauche, un ange jouant de la basse. Sur le second plan, saint Joseph lisant, appuyé contre la base d'une colonne. Daté 1521. — A la plume. — H. 0,250, L. 0,390.

Collections Révil, F. Reiset.

(*Appartient à Mgr le duc d'Aumale.*)

261. DURER (Albert). Portrait de lord Morley. Le personnage est vu derrière une table, à mi-corps de face, la tête légèrement tournée à gauche. Le buste est revêtu d'un riche pourpoint, couvert d'une palatine en fourrure sur laquelle pend une chaîne massive. La main droite tient un sceau. En bas, *Henrich Morley aws Engellant*, 1522, et au dessus le monogramme. — A la pierre d'Italie, sur papier préparé vert.

Collection Firmin-Didot.

Henri Parker lord Morley fut envoyé en Allemagne par

Henri VIII pour présenter l'ordre de la Jarretière à l'archiduc Ferdinand. La cérémonie de la remise des insignes eut lieu à Nuremberg, le 8 décembre 1522.

(*Appartient à M. Mitchell.*)

262. DURER (ALBERT). Deux études d'après nature d'un mufle de bœuf. Signé du monogramme et daté 1523. — A l'aquarelle. — H. 0,160, L. 0,200.

Collection Robinson.

(*Appartient à M. Malcolm.*)

263. DURER (ALBERT). Un saint debout, vu de profil à droite, enveloppé dans un long manteau, le bras droit replié, serré contre la poitrine, le bras gauche tendu; la main gauche tient une hampe; barbe et cheveux longs. — A la pierre d'Italie, sur papier préparé vert. — H. 0,300, L. 0,178.

(*Appartient à M. Gatteaux.*)

264. DURER (ALBERT). Un Apôtre, debout, vu de face, le bras gauche pendant, la main droite soutenant un livre qui repose sur un pli du manteau. Signé du monogramme et daté 1522. — A la pierre d'Italie, avec rehauts blancs, sur papier préparé verdâtre. — H. 0,420, L. 0,255.

Collection T. Lawrence.

Ces deux derniers dessins font partie d'une suite d'études pour des figures d'apôtres et de saints, exécutées entre 1520 et 1526, aujourd'hui dispersées. On en trouve des morceaux isolés à l'Albertine de Vienne, au British Museum, au Cabinet des estampes de Berlin et dans des collections particulières.

(*Appartient à M. Dumesnil.*)

265. DURER (ALBERT). Profil de tête de jeune fille, vu à droite; sur la même feuille, deux mains superposées. — Au crayon noir, avec rehauts blancs, sur papier préparé vert. — H. 0,173, L. 0,290.

Évidemment une étude pour un portrait, exécuté, comme l'indiquent la facture et le papier, entre 1522-1527.

(*Appartient à M. Gatteaux.*)

266. DURER (Albert). Profil d'homme chauve et barbu, tourné à gauche. — A la pierre d'Italie, sur papier brun. Signé du monogramme et daté 1526. — H. 0,380, L. 0,291.

Collection T. Lawrence.
Étude pour le *Saint Paul* du tableau « les quatre Apôtres » conservé à la Pinacothèque de Munich. Le pendant de ce dessin, une étude pour le *Saint Marc*, se trouve au Cabinet des estampes de Berlin.

(*Appartient à M. Mitchell.*)

267. DURER (Albert). Trois saintes femmes; deux d'entre elles en pied, chargées de longs manteaux, la tête enveloppée d'épaisses coiffures; la troisième vue de face, sur un plan plus reculé. En haut, signé du monogramme et daté 1521. — A la pierre d'Italie, avec rehauts blancs, sur papier préparé verdâtre. — H. 0,420, L. 0,305.

Collection T. Lawrence.
Étude pour la gravure au trait *le Crucifiement* cataloguée par Passavant, t. III, p. 109.

(*Appartient à M. Dumesnil.*)

268. DURER (Albert). Portrait de Frédéric le Sage, électeur de Saxe. Buste vu de trois quarts à droite, coiffé d'un large bonnet; vêtement garni d'un grand collet. — A la pointe d'argent, sur papier préparé. — H. 0,177, L. 0,140.

Collection T. Lawrence.
Ce dessin a été gravé par Dürer en 1524 en plus petites dimensions et en sens inverse (Bartsch, 104); il a été reproduit dans la *Gazette des Beaux-Arts*, t. XIX, p. 273.

(*Appartient à M. A. Armand.*)

269. HOLBEIN (Hans le Vieux, 1460 ?-vers 1524). Portrait du vieux Holbein, vu de trois quarts, regardant vers la gauche, portant de longs cheveux et une longue barbe. On lit sur ce dessin l'inscription suivante :

Hans Holbain maler der alt. — A la pointe d'argent et à la sanguine, avec quelques touches de blanc, sur papier préparé. — H. 0,130, L. 0,100.

Collection F. Reiset.

(*Appartient à Mgr le duc d'Aumale.*)

270. HOLBEIN (LE VIEUX). Buste de vieillard vu de trois quarts, coiffé d'un bonnet fourré. — A la mine d'argent sur papier préparé. Le fond est teinté de rose. — H. 0,125, L. 0,100.

Collection F. Reiset.

(*Appartient à Mgr le duc d'Aumale.*)

271. HOLBEIN (HANS LE JEUNE, 1497-1543). Figure d'un sauvage couronné d'une guirlande de feuilles, dans un encadrement de style Renaissance. Il tient un arbre déraciné d'une main. Dans les fonds, des montagnes. — A la plume, à l'encre de Chine et lavé d'aquarelle. — H. 0,320, L. 0,260.

Dessin pour un vitrail.

(*Appartient à M. Malcolm.*)

272. HOLBEIN (LE JEUNE). Portrait d'homme vu de face, coiffé d'une calotte. A la pointe d'argent, sur papier teinté gris-jaune clair, la face légèrement colorée à la sanguine. — H. 0,165, L. 0,115.

Collection Robinson.
Probablement fait avant le voyage de Holbein en Angleterre.

(*Appartient à M. Malcolm.*)

273. HOLBEIN (LE JEUNE). Deux figures de femmes en pied. La figure de gauche se tient debout, de trois quarts, faisant face au spectateur ; celle de droite, dessinée d'après le même modèle, est vue de dos dans la même attitude. Robe à traîne, corsage étroit, manches bouffantes à crevés, ornées de manchettes

pendantes en fourrures. La coiffure a la forme triangulaire, avec broderies et bijoux, qui est particulière aux règnes de Henri VII et Henri VIII. Elle se termine par deux longues bandes de velours ou de satin noir. Le cou et le buste sont ornés de chaînes d'or. — A la plume, sur papier teinté brun clair, tête et partie de l'habillement legèrement coloriées. — Signé (?) en deux endroits des monogrammes : HH. et HHB. — H. 0,160, L. 120.

Collections T. Lawrence, Robinson.

Le costume est semblable à ceux qu'on voit dans la plupart des portraits de femmes de la série de Windsor.

(*Appartient à M. Malcolm.*)

274. HOLBEIN (LE JEUNE). Portrait de *Jean Trithème.* Il est vu de face, les mains l'une dans l'autre. — La tête est terminée avec beaucoup d'art, à la plume, au lavis et à la sanguine, avec quelques touches de blanc; le reste n'est que très-légèrement indiqué à la pierre noire. A gauche, l'inscription suivante de la main de l'artiste : « Johannes Tritemi(us) de Tritheim, né en 1460, de l'ordre des Bénédictins, à Spanheim, devint abbé, dans la 29e année de son âge, sous le pape Alexandre VI et l'empereur Maximilien. » Signé du monogramme. — H. 0,270, L. 0,190.

Collections J. P. Zoomers, Révil, F. Reiset.

Jean Trithème, chroniqueur et théologien, qui avait une grande réputation de savoir et fut accusé de magie. Il mourut en 1516.

(*Appartient à Mgr le duc d'Aumale.*)

275. BALDUNG (HANS, DIT GRIEN, 1476?-1545). Buste de femme regardant à gauche; coiffe élevée avec des ailes fixées de chaque côté par un riche bijou. — A la plume, à la gouache, sur papier brun. — H. 0,181, L. 0,140.

Collections T. Lawrence, Galichon.

(*Appartient à M. Mitchell.*)

276. BALDUNG (Hans), dit GRIEN. Femme marchant vers la droite. Derrière elle un squelette, levant le bras gauche, portant sur l'épaule la traîne de la robe. — A la plume. — H. 0,234. L. 0,159.

Collection Hippisley.

(Appartient à M. Mitchell.)

277. BEHAM (Barthel, 1502-1540). Portrait d'homme vu de trois quarts, tourné vers la gauche, coiffé d'une barrette, vêtu d'un manteau garni d'une large fourrure. — Aux deux crayons et lavé d'aquarelle. — H. 0,350, L. 0,280.

Au verso, d'une écriture illisible, le nom du modèle *Her Just...* et la date 1521.

(Appartient à M. le marquis de Chennevières.)

278. ÉCOLE DE ZURICH (xvie siècle). Projet de vitrail d'une très-riche décoration. Au centre, un écusson armorié, surmonté d'un morion terminé par une tête de licorne. A droite et à gauche, en haut, deux sujets tirés de l'histoire sainte (peut-être Esther aux pieds d'Assuérus, assis sur son trône). De chaque côté, entre des colonnettes, deux figures de femmes (les vertus théologales). En bas, un cartouche vide, tenu par des Amours. — A la plume. — H. 0,415, L. 0,310.

(Appartient a M. Gay.

ÉCOLE FLAMANDE

279. EYCK (Jan Van, 1336-1426). Portrait de Philippe le Bon. Le duc est vu presque de face, le regard baissé; le buste est couvert d'un manteau; sur la tête, une espèce de turban avec une double dentelle, qui tombe de chaque côté sur les épaules. Une ombre portée, en forme d'auréole, couvre une partie du fond. — A la pointe d'argent. — H. 0,210, L. 0,145.

Gravé dans la *Gazette des Beaux-Arts*, t. XXII, p. 84, et reproduit dans le catalogue illustré de la *Grosvenor Gallery* (1877-78). A comparer avec le portrait de Philippe le Bon, attribué à Rogier Van der Weyden (musée d'Anvers).

(*Appartient à M. Mitchell.*)

280. EYCK (Jan Van). Portrait d'un moine âgé, priant, les mains jointes. Ce dessin porte des inscriptions d'une écriture très-fine en langue flamande. — A la pointe d'argent, sur papier gris foncé. — H. 0,260, L. 0,180.

Collection Robinson.

Très-analogue de facture au portrait du chanoine Joducus Vydts, le donateur du tableau d'autel l'*Adoration de l'Agneau*, à Gand, conservé dans la collection royale de Dresde.

(*Appartient à M. Malcolm.*).

281. WEYDEN (Roger Van der, 1399-1464). Projet pour une *Descente de croix* et une *Mise au tombeau*. Dans la predelle, le prophète Zacharie et saint Jean

l'évangéliste assis de deux côtés d'un champ où on lit des versets de la Bible. Au verso, dans une chapelle dont le milieu est occupé par un groupe de personnes rangées autour d'un crucifix, les sept Sacrements figurés par des saints. Dans la predelle, saint Michel et Judas Thaddée assis ; entre les deux, des versets de la Bible. — A la plume. — H. 0,290, L. 0,149.

(*Appartient à Mgr le duc d'Aumale.*)

282. WEYDEN (ROGER VAN DER). Christ entouré par des Saints; en bas, la famille des donateurs; dans la predelle, David et saint André, avec des versets tirés des psaumes de David et du livre de saint André. Au verso, l'Ascension du Christ; en haut, le Christ et la Vierge sur deux trônes dans un entre-coin gothique. Dans la predelle, Amos et Jacques Mineur assis, avec des versets tirés de leur livre. — A la plume. — H. 0,287, L. 0,158.

Ces deux dessins sont des études pour les volets d'un polyptyque. A comparer avec les *Sept sacrements* le triptyque de Rogier conservé au musée d'Anvers.

(*Appartient à Mgr le duc d'Aumale.*)

283. WEYDEN (ROGER VAN DER). Le Christ mort, étendu, le bras droit pendant, la main gauche reposant sur la cuisse droite. La tête conserve la couronne d'épines, les pieds sont croisés. — A la pointe d'argent, sur papier préparé. — H. 0,127, L. 0,202.

Collection Desperet.

(*Appartient à M. A. Armand.*)

284. ÉCOLE FLAMANDE (SECONDE MOITIÉ DU XVe SIÈCLE). La Vierge assise, tenant le Christ mort étendu sur ses genoux. Les deux têtes sont nimbées; le corps du Christ est nu; la draperie de la Vierge est très-ample et l'enveloppe tout entière. Composition

destinée à un vitrail. L'artiste a indiqué sur son dessin les montants de ce vitrail, qui passent à intervalles égaux sur ses figures. Dans le haut, à gauche, étude de draperie pour la ceinture du Christ : à droite, étude de la partie supérieure du corps de la Vierge. Au verso, études du bas de la draperie d'une femme assise, d'une vierge et du corps du Christ. — H. 0,275, L. 0,205.

Collection F. Reiset.

(Appartient à Mgr le duc d'Aumale.)

285. ÉCOLE FLAMANDE (FIN DU XVe SIÈCLE). *L'Adoration des Mages.* — A la plume, lavé de bistre. — H. 0,317, L. 0,272.

Un des anciens possesseurs du dessin l'a à tort attribué à Martin Schœn, dont le nom, avec la date 1479 (l'un et l'autre apocryphes), se trouve au bas du dessin.

(Appartient à M. Malcolm.)

286. ÉCOLE FLAMANDE (FIN DU XVe SIÈCLE). *Le sieur de Bourdillon. Le comte de Ligny.* Bustes avec bonnets et manteaux fourrés; les noms au-dessus des têtes. Au dessus du buste du sieur de Bourdillon sa devise : *Jatens l'hevre.* — A la pointe d'argent. — 1° H. 0,200, L. 0,130; 2° H. 0,200, L. 0,137.

Collection Wellesley.

(Appartient à Mgr le duc d'Aumale.)

287. MEMLING (HANS ?-1495?). Une jeune femme près d'un berceau, debout, vue de trois quarts, tournée à gauche; cheveux nattés; robe à traîne. Elle tient la main droite élevée au-dessus d'un berceau vide. Paysage au fond. — A la plume et au bistre. — H. 0,200, L. 0,187.

Collection Firmin-Didot.

Dans le catalogue de la collection Andréossy, ce dessin a été attribué à Hubert van Eyck. M. Waagen l'a donné à Memling.

(Appartient à M. Louis Galichon.)

288. MASSYS (QUINTEN, -?-). Trois têtes d'hommes. Deux d'entre eux sont vus presque de face, le troisième est de profil, tourné vers la droite. Au verso, deux têtes de femmes; l'une est de face, coiffée d'un turban ; la seconde, de trois quarts, porte une coiffure retenue par un bandeau qui passe sous le menton. — A la mine d'argent, sur papier préparé. H. 0,145, L. 0,210.

Collections Révil. F. Reiset.

(*Appartient à Mgr le duc d'Aumale.*)

289. ÉCOLE FLAMANDE (FIN DU XVe SIÈCLE). Vierge tenant sur ses genoux l'Enfant Jésus. Au verso, deux études pour une figure d'évêque et divers personnages esquissés. — A la pointe d'argent. — H. 0,125, L. 0,095.

Collection Galichon.

(*Appartient à M. Mitchell.*)

290. ÉCOLE FLAMANDE (COMMENCEMENT DU XVIe SIÈCLE). Diverses études sur une même feuille : trois têtes d'enfants, un faucon, des ornements, etc. — Au verso, autres croquis : près d'une fontaine à triple vasque, une femme nue donne à boire à un personnage dont le front est ceint d'une couronne. A droite, un homme, assis sur un petit tonneau, donne à boire à une femme nue. — A la mine d'argent. — H. 0,120, L. 0,085.

(*Appartient à M. le marquis de Chennevières.*)

291. NEUFCHATEL (NICOLAS, DIT LUCIDEL, 1539-après 1590). Portrait du mathématicien J. Neudorfer, vu de trois quarts, à droite, le regard baissé. — Au fusain. — H. 0,270, L. 0,195.

Étude pour le portrait de l'Ancienne Pinacothèque de Munich peint en 1561.

(*Appartient à M. de Beckerath.*)

292. GOLTZIUS (Henri, 1558-1617). Portrait de P. H. de Boïs, (1596). — A la mine d'argent, sur carte préparée en jaune. — H. 0,090, L. 0,070.

(*Appartient à M. le marquis de Chennevières.*)

293. GOLTZIUS (H.) Deux dessins sur une feuille : 1° portrait de femme en buste, vue de trois quarts, tournée vers la gauche, portant une robe montante et fermée; une collerette à larges plis entoure son visage. Sur un appui en pierre qui forme le bas du dessin, ces mots : *Ætatis sve XXVI. A°* 1586; 2° portrait d'homme, vu de trois quarts, tourné vers la droite, portant barbe, moustache et collerette; une longue chaîne entoure le cou et retombe sur le vêtement. — A la mine de plomb, sur peau de vélin. Signé du monogramme et daté 1586. — Ovale. Le premier : H. 0,065, L. 0,047. — Le deuxième : H. 0,078, L. 0,060.

Collection F. Reiset.

Ces deux dessins, qui proviennent d'une ancienne collection hollandaise, portaient au revers deux inscriptions, savoir : le portrait de femme : *Cath. Ortel Zuster van Abraham Ortelius Chronyckschryver*, et le portrait d'homme : *t'Pourtrait van Schatter Waardt in de Orange appel te Haarlem.*

(*Appartiennent à Mgr le duc d'Aumale.*)

294. BRUEGHEL (Peeter le Jeune, dit BRUEGHEL D'ENFER, 1564?-1637-38). Portrait du peintre P. Hoeck, debout devant son chevalet, tenant d'une main sa palette, de l'autre son appuie-main. A gauche, au fond, un enfant, vu de face, les jambes croisées, dessinant. — A la plume et au bistre. — H. 0,265, L. 0,200.

Collection Denon.

Un dessin identique se trouve dans la collection de M. Russell, à Londres.

(*Appartient à M. Dumesnil.*)

295. BRUEGHEL (JAN, DIT BRUEGHEL DE VELOURS, 1568-1625). Paysage. A gauche, une forêt d'où sort le Christ accompagné du démon tentateur. A droite, une rivière, avec bateaux; dans le fond une ville. — A la plume et au bistre. Signé et daté 1595. — H. 0,210, L. 0,280.

Gravé par L. David.

(Appartient à M. Dumesnil.)

296. BRUEGHEL (DE VELOURS). Paysage. Au premier plan, étude de terrains nus. Au second, l'entrée d'une forêt placée sur un monticule; à droite, un fond de paysage fort étendu. — A la plume, lavé de bistre et d'indigo. — H. 0,215, L. 0,305.

Collection F. Reiset.

(Appartient à Mgr le duc d'Aumale.)

297. RUBENS (PETRUS-PAULUS, 1577-1640). — *La Mort d'Hippolyte.* Le monstre, vomi par la mer, épouvante les chevaux qui renversent le char et Hippolyte; au premier plan, hommes et femmes fuyant avec terreur. — A la plume, lavé de bistre. — H. 0,220, L. 0,325.

(Appartient à M. le marquis de Chennevières.)

298. RUBENS. Tête d'âne, avec l'indication d'un bras et d'une main tenant la bride. — Au crayon, lavé de bistre et rehaussé de blanc, sur papier gris. — H. 0,260, L. 0,175.

Collection F. Reiset.

(Appartient à Mgr le duc d'Aumale.)

299. RUBENS. *Les Œuvres de Miséricorde.* A la porte d'un palais, un personnage distribue du pain à un groupe de pauvres. Parmi eux un boiteux appuyé sur sa béquille, une femme portant un enfant et un aveugle. Au-dessus plane la figure du Christ bénis-

sant. — A la plume et au bistre. — H. 0,318, L. 0,254.

Collections West et Schneider.

(*Appartient à M. Armand.*)

300. RUBENS. Étude pour un *Enlèvement des Sabines.* — Aux trois crayons. — H. 0,220, L. 0,287.

Collection Desperet.

(*Appartient à Mgr le duc d'Aumale.*)

301. RUBENS. *Baptême du Christ.* Le Christ, debout, s'incline pour recevoir l'eau que lui verse, sur la tête, saint Jean-Baptiste. — A la pierre d'Italie. — H. 0,305, L. 0,205.

(*Appartient à M. Ravaisson.*)

302. RUBENS. Portrait de jeune fille, vue de face. — Aux trois crayons et lavé d'encre. — H. 0,260, L. 0,190.

(*Appartient à M. le marquis de Chennevières.*)

303. RUBENS. Les trois Grâces, les bras levés, soutiennent un vase dont on ne voit que la partie inférieure. — A la sanguine, avec rehauts blancs. — H. 0,275, L. 0,175.

Collection Richardson.
Une composition analogue de Rubens a été gravée par Pierre de Jode.

(*Appartient à M. Dumesnil.*)

304. RUBENS. D'après un bas-relief antique. En bas, sur la monture cette légende : « Chorus Veneris Ἀφροδίτης « Anaglyphico opere elaboratus, in æde D. Fran- « cisi ap. ripam Romæ. » — A la pierre noire rehaussé de blanc. — H. 0,150, L. 0,430.

Collection Mariette.

(*Appartient à M. Dumesnil.*)

305. RUBENS. *Enlèvement des Sabines.* Au bas, sur la monture, cette légende : « Sabinarum raptus à Poli-

« doro Caravag. in pariete Romæ depictus, modo « quem sgraffito vocant Itali. » — A la pierre noire, rehaussé de blanc. — H. 0,150, L. 0,430.

Collection Mariette.

Ces deux derniers dessins, de la main de Polydore de Cararage, ont été retouchés par Rubens.

(*Appartient à M. Dumesnil.*)

306. RUBENS. *Saint François recevant les stigmates.* Le saint debout sur une montagne voit apparaître un séraphin crucifié, entouré de têtes de chérubins. Au pied de la montagne, un homme en extase. — A la plume, lavé de bistre sur papier gris. — H. 0,515, L. 0,375.

Cette composition a fourni le sujet de deux tableaux exécutés dans l'atelier de Rubens (musée de Cologne et Académie de Gand; ce dernier de la main même de Rubens).

(*Appartient à M. de Beckerath.*)

307. JORDAENS (Hans, 1581-1642). *Le Roi boit.* Grande composition. Joyeuse réunion dans une riche salle à manger. Sur un lambris, au-dessus du roi, un cartouche portant l'inscription : *In een vry gelach ist goet gast sun.* — Aquarelle. — H. 0,376, L. 0,573.

Ce sujet favori de Jordaens a été reproduit par lui dans divers tableaux conservés au Louvre, au *Belvédère* de Vienne, au Musée de Cassel, etc.

(*Appartient à M. Dutuit.*)

308. DYCK (Anton van, 1599-1641). *Portement de Croix.* Le Christ tombe à terre sous le poids de la croix, entouré de soldats romains. A gauche, un groupe de saintes femmes. — A la plume, lavé de bistre et d'un ton d'aquarelle. Signé (?) en bas, à droite. — H. 0,200, L. 0,168.

Collection Schneider.

(*Appartient à M. le baron de Beurnonville.*)

309. DYCK (Van). *Danse d'Amours*. Composition de sept enfants se tenant par la main et dansant. Deux d'entre eux élèvent les bras, les autres s'inclinent et passent dessous. Une légère draperie voltige autour de leur corps. — Au fusain et au crayon blanc, sur papier gris. — H. 0,490, L. 0,625.

Collections Crozat, F. Reiset.

(*Appartient à M. le duc d'Aumale.*)

310. DYCK (Van). Le Christ étendu sur les nuages, le haut du corps reposant entre les genoux du Père Éternel. Vers la droite, une religieuse agenouillée. — A la plume et lavé de bistre. — H. 0,190, L. 0,265.

Collections Gault de Saint-Germain, F. Reiset.

(*Appartient à Mgr le duc d'Aumale.*)

311. DYCK (Van). Saint Augustin, debout, la tête levée vers le ciel, tenant un livre de la main gauche. Le Saint-Esprit, sous forme d'une colombe, descend sur lui. Un enfant porte sa mitre, et deux saints, avec des palmes, sont debout à droite et à gauche. — A la plume et lavé de bistre. — H. 0,155, L. 0,140.

Collections Révil, F. Reiset.

(*Appartient à Mgr le duc d'Aumale.*)

312. DYCK (Van). Portrait en pied du cardinal Bentivoglio, assis, un livre à la main. — Au pinceau, lavé de bistre. — H. 0,400, L. 0,263.

Collection Verstolk.

Étude pour le tableau de la galerie Pitti à Florence. Bentivoglio fut légat du pape Paul V dans les Flandres en 1607. Le portrait fut peint vers 1620, lors du séjour de Van Dyck à Rome. Le présent dessin est évidemment du même temps.

(*Appartient à M. Dutuit.*)

313. DYCK (VAN). Portrait de Gaspard Crayer, vu à mi-corps, tourné à gauche presque de face, enveloppé dans un manteau que retient la main gauche; la main droite ramenée sur la poitrine; une large collerette au cou. — A la pierre d'Italie, lavé d'encre de Chine et de bistre. — H. 0,270, L. 210.

Collections Lambe, Révil.
Gravé par Pontius.

(*Appartient à M. Dutuit*).

314. DYCK (VAN). Le Christ insulté par des soldats romains dans le palais de Pilate. — A la plume et au bistre. — H. 0,223, L. 0,195.

Collections T. Lawrence, Richard Hudson, Galichon.
Gravé par Bolswert.

(*Appartient à M. Dutuit.*)

315. DYCK (VAN). Portrait de Guillaume de Vos, à mi-corps, de profil, à gauche; le bras droit retenant un manteau. A gauche, une colonne. — Au pinceau, lavé d'encre de Chine et de bistre, sur des dessous de crayon. — H. 0,252. L. 0,190.

Collection Simon.
Gravé par Lucas Vosterman.

(*Appartient à M. Dutuit.*)

316. DYCK (VAN). *Assemblée de magistrats*. Sept magistrats flamands? trois à gauche et quatre à droite, assis, la tête nue, semblent délibérer sous la présidence de la Justice symbolisée par une femme aux yeux bandés, assise au centre sur un trône. — Esquisse peinte au bitume sur panneau. — H. 0,260, L. 0,580.

Collection Robinson.

(*Appartient à M. A. Armand.*)

317. DYCK (VAN). *Le Jardin d'Amour*. Groupe d'amoureux se reposant à l'abri de draperies tendues entre des

arbres. — Esquissé au bitume sur panneau. — H. 0,230, L. 0,350.

Collection Robinson.

La première idée de cette composition est empruntée à une *Bacchanale* du Titien reproduite par Rubens.

(*Appartient à M. A. Armand.*)

318. DYCK (Van). *Martyre de sainte Catherine.* Une apparition céleste disperse les bourreaux et les cavaliers qui s'enfuient pendant qu'un ange apporte la couronne du martyre à la sainte étendue sur une roue. — A la plume et à la sépia. — H. 0,285, L. 0,210.

Collection Schneider.

Esquisse d'un tableau mentionné dans le catalogue de J. Smith no 423.

(*Appartient à M. A. Armand.*)

319. DYCK (Van). Portrait du peintre Gérard Seghers, vu en buste, tourné à droite, enveloppé dans un grand manteau qui laisse voir la main gauche, collerette blanche au cou. — A la pierre d'Italie, lavé à l'encre de Chine et à la sépia. — H. 0,225, L. 0,200.

Collection Schneider.

Gravé par Paul Pontius.

(*Appartient à M. A. Armand.*)

320. DYCK (Van). Cavalier au galop, suivi d'un petit chien. A la plume, lavé de bistre. — H. 0,240, L. 0,170.

Collections Coypel, maréchal de Talard, Van der Pot.

Ce dessin, cité par Mariette, a été gravé par le comte de Caylus.

(*Appartient à M. Dumesnil.*)

321. DYCK (Van). Portrait du peintre Daniel Mytens, tourné vers la droite, presque de face, drapé dans un manteau que relève le bras droit. — Au crayon noir. — H. 0,215, L. 0,188.

Gravé par Paul Pontius.

(*Appartient à M. Alexandre Lange.*)

322. DYCK (VAN). Buste du peintre Van Kessel, vu de trois quarts à gauche, incliné en arrière. Cheveux, barbe et moustache très-frisés. Il est enveloppé dans un ample manteau. — Au crayon. — H. 0,145, L. 0,107.

Au bas une inscription française indique le nom du modèle et celui de l'auteur.

(*Appartient à M. E. Arago.*)

323. TENIERS (DAVID, LE JEUNE, 1610-1694). Deux vieux buveurs vus à mi-corps; coiffés l'un d'un béret, l'autre d'un chapeau effondré. Signé du monogramme et daté 1651. — A la mine de plomb. — H. 0,145, L. 0,115.

Ce dessin, comme le Portrait de jeune fille, de Rubens, et la meilleure partie des autres dessins de la collection du comte Nils Barck, provient des collections Crozat, comte Tessin, Louisa-Ulrica, reine de Suède, princesse Sophie-Albertina et comte Stenboch.

(*Appartient à M. le marquis de Chennevières.*)

324. TENIERS (LE JEUNE). Deux singes faisant la barbe à deux chats. A droite, un troisième singe nettoyant un plat à barbe. — A la mine de plomb et lavé de bistre. — H. 0,190, L. 0,270.

Collection F. Reiset.

(*Appartient à Mgr le duc d'Aumale.*)

ÉCOLE HOLLANDAISE

325. LUCAS (Jacobs van Leyden, 1494-1533). *Joseph vendu par ses Frères.* Les frères de Joseph forment un groupe à droite; l'un d'eux reçoit l'argent d'un des marchands placés à gauche, près d'un arbre. Au fond, un paysage montagneux. A droite, un enclos avec des moutons et une cabane roulante; à gauche, un petit château. Sur la route, un homme conduisant des chameaux. — A la plume, lavé d'aquarelle. — H. 0,205, L. 0,148.

Collection Firmin-Didot.

(*Appartient à M. Louis Galichon.*)

326. LUCAS (van Leyden). *Le Retour de l'Enfant prodigue.* Composition de onze figures. — A la plume, vigoureusement lavé de bistre. — H. 0,180, L. 0,245.

Collections Révil, F. Reiset.

Cette composition a été gravée par Lucas de Leyde (Bartsch, t. VII, p. 383).

(*Appartient à Mgr le duc d'Aumale.*)

327. NEEFS (Pieter, vers 1570-1651). Intérieur d'église gothique, avec petits personnages. — A la plume, lavé d'aquarelle. — H. 0,145, L. 0,195.

Collections Esdaile et Thibaudeau.

(*Appartient à M. le marquis de Chennevières.*)

328. HALS (Frans, 1584-1666, *attribué à*). Portrait de femme assise dans un fauteuil. Presque de face, vêtue de

noir; cornette blanche à large fraise; la main gauche appuyée sur le bras du fauteuil; la main droite tenant un éventail bordé de plumes. — Aquarelle. — H. 0,460, L. 0,370.

(*Appartient à M. Charles Pillet.*)

329. HONTHORST (Gerard van, 1590-1656). *Un joueur de tambour de basque*, vu de face à mi-corps, riant, coiffé d'un bonnet mou. Le torse est nu; sur une épaule un pan de manteau. — Crayon noir, avec rehauts blancs, sur papier gris. H. 0,300, L. 0,205

(*Appartient à M. Dumésnil.*)

330. GOIJEN (Jan van, 1596-1656). Paysage avec une rivière. Bateaux et groupe d'hommes sur le rivage, au premier plan. Au fond, une colline et les maisons d'une ville. — Au crayon, légèrement lavé d'un ton brun d'aquarelle. — H. 0115, L. 0,194.

(*Appartient à M. Risler-Kestner.*)

331 GOIJEN (Van). Marine. Barques chargées de passagers, nombreux bateaux à voiles. A gauche, dans le fond, église et moulin à vent. — Signé du monogramme et daté : 1640. — Au crayon noir et à l'encre de Chine. — H. 0,155, L. 0,260.

(*Appartient à M. Dutuit.*)

332. GOIJEN (Van). *Le Passage en bac.* A gauche, sur la rivière, le bac avec passagers et un bateau. A droite, groupes d'arbres, maisons, charrettes et paysans. — Signé des initiales et daté 1634. — H. 0,195, L. 0,315.

(*Appartient à madame Charras.*)

333. MOLIJN (Pieter, 1600?-1661). Vue d'une plaine avec grands mouvements de terrain; petits personnages et animaux dans les fonds. — Signé en haut à gauche, et daté 1659. — Au crayon et lavé à l'encre de Chine. — H. 0,145, L. 0,190.

(*Appartient à M. Risler-Kestner.*)

334. CUIJP (Aalbert, 1605-1691). Un berger traversant un pont avec trois vaches. Monticules dans le fond. — A la plume, lavé de bistre et d'encre de Chine. — H. 0,280, L. 0,320.

Collections Wellesley, Verstolk.

(*Appartient à M. Dutuit.*)

335. CUIJP (Aalbert). Vache couchée, vue de face, la tête portée vers la gauche. — Vigoureusement lavé d'encre de Chine. — H. 0,140, L. 0,188.

Collections John Barnard, baron Roger, F. Reiset.

(*Appartient à Mgr le duc d'Aumale.*)

336. LIEVENS (Jan, 1607-1663?). Portrait de Rubens, à mi-corps, vu de trois quarts, la main droite appuyée sur un livre; le corps enveloppé dans un ample manteau. — A la plume et au bistre. — H. 0,240, L. 0,185.

(*Appartient à M. Dumesnil.*)

337. LIEVENS (Jan). Figure d'homme vu de profil, presque de dos, assis, lisant dans un livre qu'il tient sur ses genoux; la chaise est couverte par les plis d'un ample manteau. — Aux crayons rouge et noir. H. 0,295, L. 0,220.

(*Appartient à M. de Beckerath.*)

338. KONINCK (Salomon, 1609-1668). Paysage. A gauche, un groupe d'arbres mêlés à des chaumières. A droite, une rivière et deux pêcheurs à la ligne. Le fond est une grande étendue de pays plat, coupé de plusieurs cours d'eau. — A l'aquarelle et à la gouache. — H. 0,155, L. 0,230.

Collections Dimsdale, Esdaile, F. Reiset.

(*Appartient à Mgr le duc d'Aumale.*)

339. KONINCK. Paysage. *Vue d'Amsterdam.* Le premier plan présente un large terrain inculte. Au second plan, un canal. La ville se détache sur le ciel et

occupe tout le fond du dessin. — Lavé de bistre et d'encre de Chine, avec quelques touches de gouache. — Cintré du haut. — H. 0,080, L. 0,300.

Collection F. Reiset.
Ce dessin a aussi été attribué à Rembrandt.

(*Appartient à Mgr le duc d'Aumale.*)

340. BOTH (Jan, d'Italie, 1610-1661). Paysage, coupé par une rivière que traverse un pont. Au fond, à droite, montagnes. — A la plume, lavé à l'encre de Chine et au bistre. — H. 0,197, L. 0,283.

Collection Esdaile et de Vos.

(*Appartient à M. Dutuit.*)

341. BOTH (Jan). Paysage. La partie gauche est boisée; au second plan, un pont sur lequel passe un homme, suivi de son chien. A droite, une grande étendue de pays et, dans le fond, de hautes montagnes. Sur le premier plan, deux hommes, l'un debout, l'autre assis. — A la plume et à l'encre de Chine, avec quelques touches de bistre. — H. 0,198, L. 0,275.

Collections Gole, Esdaile, Idsinga, F. Reiset.

(*Appartient à Mgr le duc d'Aumale.*)

342. OSTADE (Adriaan van, 1610-1685). *Le Charlatan.* — A la plume et à l'encre de Chine. — H. 0,258, L. 0.327.

Première étude de la composition gravée par le maître (Bartsch, 43).

(*Appartient à Mgr le duc d'Aumale.*)

343. OSTADE (A.). Sur la porte d'une chaumière garnie d'un cep de vigne, une vieille femme, assise et filant, cause avec un homme vu de dos, appuyé sur son bâton. A gauche, un coq et deux poules. — Très-terminé, à l'aquarelle. — Signé des initiales. — H. 0,107, L. 0,087.

Collection Révil, F. Reiset.

(*Appartient à Mgr le duc d'Aumale.*)

344. OSTADE (A.). Intérieur de chaumière hollandaise. Quatre paysans attablés et buvant. A droite, une vieille femme, assise, tient la main d'une petite fille, vue de dos. — Signé et daté 1677. — A l'aquarelle et à la gouache, — H. 0,145, L. 0,120.

Collections Révil, F. Reiset.

(Appartient à Mgr le duc d'Aumale.)

345. OSTADE (A.). *La Danse au cabaret.* — A la plume et à l'encre de Chine. — H. 0,194, L. 0,192.

Collection Desperet.

Composition connue par l'eau-forte du maître (Bartsch, 49). Le tableau représentant la même composition a figuré à la vente Paturot, en 1857.

(Appartient à Mgr le duc d'Aumale.)

346. OSTADE (A.). Sous une tonnelle, à la porte d'un cabaret, une compagnie de cinq hommes et une femme, assis autour d'une table, joue aux cartes en buvant. A gauche, près de la porte d'entrée, un groupe de musiciens et d'enfants ; à droite, un autre groupe de buveurs. — Signé, en toutes lettres, à gauche sur le dossier du banc, et daté 1676. — Aquarelle. — H. 0,260, L. 0,220.

Collections Poulain, Lagoy, Dimsdale, Lenoir.

Gravé par Longueil dans le cabinet Poulain et par Chataigner sous le titre : *Un Estaminet.*

(Appartient à M. Dutuit.)

347. OSTADE (A.). Intérieur d'un cabaret de village. Autour d'une table, une paysanne tenant un livre et chantant ; un paysan l'accompagne sur le violon ; le cabaretier et deux autres paysans écoutent avec attention. Signé et daté 1676. — Aquarelle. — H. 0,185, L. 0,153.

(Appartient à M. J. d'Ephrussi.)

348. VISSCHER (Cornelius, 1610-1670). Portrait en pied d'une vieille femme assise devant un rouet, tournée

à droite. La tête regardant à gauche, pour voir un chat. Signé en toutes lettres. — Au crayon noir et à l'encre de Chine. — H. 0,377, L. 0,295.

Collectoin Révil.

(*Appartient à M. Dutuit.*)

349. VISSCHER (C.). Portrait d'homme assis, vu à mi-corps, tourné de trois quarts à droite; le bras droit appuyé sur le dossier de la chaise. Col blanc, ample manteau, chapeau sur les genoux. Signé en toutes lettres. — Au crayon noir, lavé à l'encre de Chine, avec un peu de sanguine. — H. 0,330, L. 0,250.

(*Appartient à M. Dutuit.*)

350. REMBRANDT (Harmensz van Rijn, 1607-1669). *Le Moulin.* Paysage hollandais dont les derniers plans montrent une vaste plaine traversée par une rivière. Au deuxième plan à droite, une colline surmontée d'un moulin à vent; à gauche, des maisons et des arbres. Au premier plan, un pont-levis établi sur un cours d'eau et garni de palissades. — A la plume, lavé à la sépia. Signé et daté 1635. — H. 0,200, L. 0,310.

Collection Schneider.

(*Appartient à M. Armand.*)

351. REMBRANDT. *La Nourrice.* Une jeune femme coiffée à l'orientale donne le sein à un enfant. — A la plume et à la sanguine, lavé d'encre de Chine. — H. 0,145, L. 0,110.

Collections Goll et Schneider.

(*Appartient à M. Armand.*)

352. REMBRANDT. *Jacob et l'ange.* L'ange, debout, regarde Jacob étendu à terre et endormi. Deux petits anges planent dans le ciel. — A la plume et au bistre. — H. 0,175, L. 0,195

A comparer avec la gravure de Rembrandt, *l'Échelle de Jacob* (Bartsch, t. I, p. 35).

(*Appartient à M. Armand.*

353. REMBRANDT. Figure d'homme nu, les mains attachées derrière le dos. Il est vu de trois quarts et tourné vers la droite. Pour une composition du *Christ à la colonne*. — A la plume, lavé de bistre et d'encre de Chine. — H. 0,235, L. 0,130.

Collections Denon, Rutxhiel, F. Reiset.

Il existe plusieurs études d'après le même modèle pour le même sujet, entre autres un dessin très-analogue au présent, chez le comte de Warwick, à Londres.

(Appartient à Mgr le duc d'Aumale.)

354. REMBRANDT. Paysage. Fabrique et groupe d'arbres se reflétant dans les eaux d'une rivière, qui occupe le premier plan. — Croquis à la plume, vigoureusement lavé de bistre. — H. 0,120, L. 0,155.

Collection F. Reiset.

(Appartient à Mgr le duc d'Aumale.)

355. REMBRANDT. Lion accroupi, vu de profil, tourné vers la droite, la tête reposant sur les pattes de devant, entre lesquelles se trouve un os. — A la plume et au bistre, avec quelques touches à l'huile, sur papier du Japon. — H. 0,140, L. 0,230.

Collections Denon, F. Reiset.

Rembrandt a fait un grand nombre de dessins de ce genre, d'après des lions qui se trouvaient à la ménagerie d'Amsterdam.

(Appartient à Mgr le duc d'Aumale.)

356. REMBRANDT. Jeune femme vue de face, tournée à gauche, coiffée d'un large chapeau de paille, portant un panier. — A la sanguine. — H. 0,140, L. 0,205.

Collection Denon.

(Appartient à Mgr le duc d'Aumale.)

357. REMBRANDT. Paysage. Au second plan, moulin, ani-

maux et figures d'hommes. Au fond, une église. — A la plume et au bistre. — H. 0,138, L. 0,288.

Collection Hawkins.

(*Appartient à Mgr le duc d'Aumale.*)

358. REMBRANDT. A gauche, un homme assis devant une table et des livres; à droite, un personnage à genoux. — A la plume, légèrement lavé. — H. 0,140, L. 0,260.

Collection Denon.
Gravé par Leroy.

(*Appartient à Mgr le duc d'Aumale.*)

359. REMBRANDT. *Jésus et ses disciples.* A l'entrée d'une grotte, Jésus assis, entouré de neuf disciples, les uns debout, les autres assis. — Au pinceau, à la sépia. — H. 0,200, L. 0,261.

Collections Sylvestre et Boilly.

(*Appartient à M. A. Armand.*)

360. REMBRANDT. *Jésus*, ou *saint Jean prêchant.* Groupe de onze figures et un enfant; au premier plan, une femme agenouillée, levant les mains, d'un dessin élégant, rappelant une femme de la *Transfiguration* de Raphaël, et une femme très-analogue d'un dessin de Rubens. Fausse signature : *Rembren.* — A la plume de roseau. — H. 0,200, L. 0,230.

Collections T. Lawrence, Leembruggen.

(*Appartient à M. Bonnat.*)

361. REMBRANDT. *Judas restituant aux prêtres le prix de sa trahison.* Il est agenouillé et fouille dans son escarcelle. Trois prêtres qui l'entourent refusent de reprendre l'argent. — A la plume, avec lavis d'encre de Chine et des teintes de crayon rouge. — H. 0,160, L. 0,240.

Ce dessin a été gravé dans la *Gazette des Beaux-Arts*, t. XVI, p. 78.

(*Appartient à M. Louis Galichon.*)

362. REMBRANDT. Étude d'homme, en pied, vu de trois quarts, tourné vers la gauche, les mains appuyées sur les hanches. A la plume et au bistre. — H. 0,147, L. 0,110.

Collections Robert Dumesnil, Firmin-Didot.

(Appartient à M. Louis Galichon.)

363. REMBRANDT. *Jésus au milieu des Apôtres* (?). — A la plume et au bistre. — H. 0,197, L. 0,287.

Collections S. de Festetits, Firmin-Didot.)

(Appartient à M. Louis Galichon.)

364. REMBRANDT. Figure d'homme barbu, assis dans un fauteuil, tourné à gauche, enveloppé dans une longue robe. — A la sanguine. — Signé, en bas, du monogramme et daté 1631. — H. 0,236, L. 0,160.

Étude pour l'eau-forte du maître, *Joseph racontant ses songes* (Bartsch, t. I, p. 40). Cette figure, vue en sens inverse de la gravure, est celle du père.

(Appartient à M. Mitchell.)

365. REMBRANDT. Groupe de figures en adoration. — A la plume. — H. 0,140, L. 0,180.

Collection Diaz.

(Appartient à M. Sedelmayer.)

366. REMBRANDT. Portrait de jeune femme vue à mi-corps, dans l'embrasure d'une fenêtre, coiffée d'une toque noire ornée de plumes. — A la plume et au bistre, avec rehauts blancs. — H. 0,190, L. 0,140.

Collection Diaz, gravé dans l'*Art*.

(Appartient à M. Sedelmayer.)

367. REMBRANDT. *Tobie recouvrant la vue*. Groupe de cinq figures. Tobie est assis dans un fauteuil; son fils, en présence de sa mère et de l'ange, lui frotte

les yeux avec le fiel de poisson. — A la plume et au bistre. — H. 0,175, L. 0,215.

Collections Révil, Van Os.

(*Appartient à M. Dumesnil.*)

368. REMBRANDT. Le vieux Tobie, dans une chambre, assis près d'une cheminée, son fils à côté de lui. Derrière, l'ange, les ailes déployées, et la femme de Tobie. Au fond, une servante, derrière une table garnie de vaisselle. Un chien devant la table et un autre mangeant un os par terre.—H. 0,200, L. 0,275.

Collection His de Lasalle.

Un dessin très-analogue au présent est conservé au Musée de Dresde.

(*Appartient à M. Bonnat.*)

369. REMBRANDT. Groupe de huit figures, cinq hommes et trois femmes.—A la plume et au bistre.—H. 0,130, L. 0,190.

Étude pour une composition religieuse, sans doute des fidèles écoutant uue prédication.

(*Appartient à M. de Beckerath.*)

370. REMBRANDT. Un lion couché, tourné à gauche.— A la plume, lavé de bistre. — H. 0,105, L. 0,170.

Collection Lagoy et Desperet.

(*Appartient à M. Risler-Kestner.*)

371. REMBRANDT. Figure de femme nue, debout, le bras droit étendu le long du corps, le bras gauche replié et entouré d'une draperie flottante, la main pressant le sein droit. Coiffure orientale. — A la sanguine. — H. 0,245, L. 0,140.

(*Appartient à M. Fouret.*)

372. REMBRANDT. Assuérus assis sur son trône dans son palais, tenant le sceptre en main, entouré de courtisans. A quelque distance, Esther debout implore

sa clémence. Derrière elle, ses suivantes agenouillées. Au centre, dans le fond, Mardochée et plusieurs personnages. — A la plume, légèrement lavé de bistre. — H. 0,175, L. 0,240.

Collection Andréossy.

(*Appartient à M. Étienne Arago.*)

373. EECKHOUT (GERBRAND VAN DEN, 1621-1674). *Abraham congédiant Agar et Ismaël.* A gauche, des maisons; à droite, arbres, animaux et personnages. — Signé. — A la plume et au bistre. — H. 0,155, L. 0,180.

(*Appartenant à M. Dutuit.*)

374. HOOGSTRAETEN (SAMUEL VAN, 1627-1678). La Vierge et l'Enfant entourés de femmes en adoration; à droite, un petit pont conduisant à une maison; deux chiens sur le pont. Au premier plan, un canal; au fond, un paysage. — A la plume, lavé de bistre. — H. 0,180, L. 0,315.

(*Appartient à M. Dutuit.*)

375. ESSELENS (JACOB, XVIIe SIÈCLE). Marine, avec bateaux-pêcheurs; au second plan, à droite, une langue de terre animée de personnages. — A la plume, au bistre, lavé d'aquarelle. — H. 0,195, L. 0,316.

(*Appartient à M. de Beckerath.*)

376. WOUWERMAN (PHILIPS, 1619-1668). Un cavalier faisant ruer son cheval attaché à un poteau, contre lequel s'appuie un garçon. A droite, deux gentilshommes avec un enfant et un chien; à gauche, groupes de personnages debout et couchés. Signé du monogramme. — A l'encre de Chine et au pinceau. — H. 0,186, L. 0,237.

Collections Verstolk, Caussin.

(*Appartient à M. Dutuit.*)

377. WOUWERMAN (Ph.). Paysage, avec groupe de figures au premier plan; à gauche, sur une hauteur, une charrette; à droite, sur une hauteur plus élevée, un bouquet d'arbres. Signé des initiales. — Lavé à l'encre de Chine. — H. 0,210, L. 0,185.

Collection Claussin.

(*Appartient à M. Dutuit.*)

378. WOUWERMAN (Ph.). *Le Paysan et son cheval.* Un paysan debout au bord d'une rivière, vu de dos, tient entre les mains croisées la bride d'un cheval chargé de bagages. Signé du monogramme. — Au crayon, lavé à l'encre de Chine. — H. 0,122, L. 0,174.

Reproduit par Ploos van Amstel, avec l'addition de trois figures de femme.

(*Appartient à M. A. Armand.*)

379. WOUWERMAN (Ph.). Un cheval de charrue, vu de profil, tourné vers la droite, paissant avec avidité, tandis que son maître lui retire son collier. — A la pierre noire et à l'encre de Chine. — H. 0,132, L. 0,183.

Collections Gole, Idsinga, F. Reiset.

Appartient à Mgr le duc d'Aumale.)

380. BERCHEM (Nicolaas, 1620-1683). *Le Vacher jouant de la musette près de son troupeau.* — A la plume, lavé d'encre de Chine. — Signé. — H. 0,205, L. 0,325.

Collection Desperet.

Le maître s'est servi de cette composition pour un tableau qui appartient aujourd'hui à M. Holford, de Londres.

(*Appartient à Mgr le duc d'Aumale.*)

381. BERCHEM (N.). Étude de deux porcs, couchés, tour-

nés vers la droite. — Croquis à la pierre noire, à la plume et au bistre. — H. 0,120, L. 0,140.

Collection Révil, F. Reiset.

(*Appartient à Mgr le duc d'Aumale.*)

382. BERCHEM (N.). Paysage avec cinq vaches, couchées ou debout, une chèvre et quatre moutons, sur différents plans. Un groupe d'arbres dans le fond, vers la droite. A gauche, un berger jouant du flageolet et une bergère cousant. — A la pierre noire. — H. 0,203, L. 0,310.

Collection F. Reiset.

(*Appartient à Mgr le duc d'Aumale.*)

383. BERCHEM (N.). *Entretien de voyage*. Au centre d'un vaste paysage, une femme, assise sur un âne vu de derrière, montre du doigt l'horizon à un homme qui cause avec elle. A côté, des chiens, des moutons et une vache. A gauche, au second plan, un cavalier et un piéton. A droite, des voyageurs. Signé à gauche, en haut : Berghem F. 1654. — Au crayon noir, lavé à l'encre de Chine. — H. 0,147, L. 0,227.

Cette même composition est gravée dans l'*Histoire des Peintres, école hollandaise,* de M. Charles Blanc, avec un groupe d'arbres ajouté à gauche.

(*Appartient à M. Risler Kestner.*)

384. BERCHEM (N.). *La Vache qui s'abreuve*. A droite, vaches et brebis dans l'eau; à gauche, bergers et personnages divers. Au fond ruine et montagne. Signé en toutes lettres et daté 1679. — A la plume, lavé de bistre. — H. 0,280, L. 0,385.

Collection Verstolk.
Gravé en 1680. par Berchem.

(*Appartient à M. Dutuit.*)

385. BERCHEM (N.). Paysage. Sur un chemin à l'entrée d'un bois, un cavalier faisant l'aumône à un pauvre.

Fabriques dans le fond. — A la mine de plomb, lavé d'encre de Chine. — Signé et daté 1654. — H. 0,143, L. 0,200.

(*Appartient à M. Armand.*)

386. DUJARDIN (KAREL, 1625?-1678). Paysage rocheux, traversé au second plan par une traînée de lumière qui éclaire un homme et un chien. Signé et daté 1658. — Plume et encre de Chine. — H. 0,150, L. 0,180.

Gravé dans la *Vie des Peintres*, de M. Ch. Blanc.

(*Appartient à M. Dutuit.*)

387. EVERDINGEN (ALLART VAN, 1621?-1675). Marine prise dans les mers de Norwège. La bise souffle, le ciel est chargé de neige. Sur les divers plans du dessin, plusieurs embarcations marchant avec vitesse. A droite, sur le premier plan, trois matelots dans une petite barque : l'un d'eux tient les avirons, les deux autres tirent sur les cordes d'une bouée ou d'une ancre. — A l'aquarelle, avec quelques touches de gouache. — H. 0,184, L. 0,305.

Collections Claussin, F. Reiset.
Gravé en fac-simile dans l'ouvrage de Ploos Van Amstel et Josi.

(*Appartient à Mgr le duc d'Aumale.*)

388. RUISDAEL (JACOB VAN, 1625-1682). Entrée d'un bois. A gauche, la lisière du bois. A droite, chemin tournant. — A la plume, au crayon noir et lavé à l'encre de Chine. — H. 0,200, L. 0,310.

Collections Révil, Simon.
Gravé par Bléry.

(*Appartient à M. Dutuit.*)

389. RUISDAEL (J.). Paysage. A droite, sur un tertre, un très-bel arbre. A gauche, des étangs. Dans le fond, un village. — A la plume et à l'aquarelle, sur

vélin. — Signé des initiales et daté 1649. — H. 0,180, L. 0,140.

(Appartient à M. Dumesnil.)

390. RUISDAEL (J.). Paysage. A gauche, grands arbres à la cime dépouillée. A droite, arbres, rivière et monticule. — A la plume et à l'aquarelle, sur vélin — H. 0,145, L. 0,197.

(Appartient à Mgr le duc d'Aumale.)

391. POTTER (PAULUS, 1625-1654). Porcs, couchés les uns sur les autres, debout ou assis. Le gardien est debout, à gauche, appuyé sur un bâton, parlant à un homme assis. Au second plan, une haie bordée d'arbres, et une barrière qu'un vieillard cherche à ouvrir. A droite, dans le fond, un homme suivi de son chien. — Signé et daté 1644. — Très-terminé à la pierre noire et à l'encre de Chine. — H. 0,180, L. 0,269.

Collections Gole, Claussin, F. Reiset.

Ce dessin était sans doute destiné à servir de pendant à la belle planche du *Vacher*, qui est daté de 1643. Les dimensions de l'estampe et du dessin sont absolument les mêmes.

(Appartient à Mgr le duc d'Aumale.)

392. POTTER (P.). Vache couchée, vue de dos en raccourci. A gauche, un porc debout, vu de trois quarts, marchant vers le fond. — Étude à la pierre noire. — H. 0,080, L. 0,125.

Collection F. Reiset.

(Appartient à Mgr le duc d'Aumale.)

393. POTTER (P.). Vache paissant, vue presque de derrière, tournée de profil à droite. En haut, à droite, la signature *Paulus Potter*. — A la sanguine. — H. 0,137, L. 0,187.

Étude pour le tableau, *Vache debout et vache couchée au milieu d'une prairie*, gravé en sens inverse, dans le cabinet Poulain, sous le no 75. Peut-être une étude pour la *Vache qui pâture* (Barstch, I, p. 43).

(Appartient à M. Étienne Arago.)

394. STEEN (Jan HAWICKS, 1626?-1679). Homme du peuple, vu de dos, assis, le bras gauche pendant, avec la main serrant un barreau de la chaise, le bras droit levé et tenant un bonnet mou. A gauche, en bas, le monogramme. — Au crayon noir, avec rehauts blancs, les mains à la sanguine, sur papier gris bleu. — H. 0,274, L. 0,185.

Collections Hudson, Dodell.

(*Appartient à M. Risler-Kestner.*)

395. STEEN (Jan). Charlatan traversant un village, assis sur un âne, précédé d'un vendeur de mort-aux-rats. Les malades arrivent de toutes parts; l'un d'eux, ôtant son bonnet, lui présente une fiole, qu'il considère avec attention. — A la plume et lavé d'encre de Chine. — H. 0,235, L. 0,080.

Collections Révil, F. Reiset.

(*Appartient à Mgr le duc d'Aumale.*)

396. STEEN (Jan). Tête d'homme riant. Signé du monogramme. — Au fusain, lavé d'encre de Chine, avec rehauts blancs. — H. 0,255. — L. 0,215.

(*Appartient à M. de Beckerath.*)

397. BAKHUISEN (Ludolf, 1631-1708). Vue d'une ville maritime. A droite, sur une jetée, un canon sur son affût, près duquel se tient un enfant jouant avec son chien. Un soldat assis fume, tandis qu'un autre soldat cause avec une femme. A gauche, une femme assise près d'un enfant couché. Le fond de mer est uni et d'un calme plat. Daté de 1698. — Très-terminé à l'encre de Chine. — H. 0,115, L. 0,019.

Collections Neyman (1776), Révil, F. Reiset.

Une écriture hollandaise, qui se voit au dos de ce dessin, nous apprend qu'il représente une vue de la ville d'Embden patrie de Bakhuisen.

(*Appartient à Mgr le duc d'Aumale.*)

398. HOOCH (PIETER DE, 1635-1681). Partie supérieure d'une maison avec nombreuses cheminées sur le toit. — Signé du monogramme. — Aquarelle. — H. 0,290, L. 0,390.

(*Appartient à M. de Beckerath.*)

399. MEER (VAN DELFT, JAN VAN DER, 1632-1696?). Intérieur d'une cour. Premiers plans inachevés. — Signé et daté 1677. — Aquarelle. — H. 0,310, L. 0,230.

(*Appartient à M. de Beckerath.*)

400. MEER (VAN DELFT, JAN VAN DER). Intérieur d'une maison, dont le fond est éclairé par un vif rayon de soleil. Signé du monogramme. — Aquarelle. — H. 0,260, L. 0,200.

(*Appartient à M. de Beckherat.*)

401. HEYDEN (JAN VAN DER, 1637-1712). *L'Incendie de l'ancienne Bourse, à Amsterdam.* — A la plume, lavé de bistre et d'encre de Chine. — H. 0,320, L. 0,225.

Collection Verstolk.

(*Appartient à M. Dutuit.*)

402. VELDE (WILLEM VAN DE, 1633-1707). Marine. Temps calme; au deuxième plan, de grands bateaux pavoisés chargés de monde. Signé du monogramme. — A l'encre de Chine, à la plume. — H. 0,200, L. 0,307.

Collection Verstolk.

(*Appartient à M. Dutuit.*)

403. VELDE (W. VAN DE). Mer calme avec trois vaisseaux de guerre, dont un enveloppé de fumée; quelques barques en marche. — Signé du monogramme. — A la plume et à l'encre de Chine. — H. 0,135, L. 0,200.

Collection Verstolk.

(*Appartient à M. Dutuit.*)

404. VELDE (W. VAN DE). Marine. Quatre vaisseaux de guerre, à l'ancre, font sécher leurs voiles. La mer est d'un calme plat. A droite, sur le premier plan, une petite chaloupe, montée par six matelots. Trois autres barques se voient à différents plans, faisant le service de la flotte. — Très-terminé, à la plume et à l'encre de Chine. — H. 0,180, L. 0,275.

Collection F. Reiset.

(*Appartient à Mgr le duc d'Aumale.*)

405. VELDE (ADRIAAN VAN DE, 1639-1672). *L'Abreuvoir.* A gauche, sur le premier plan, deux vaches couchées. Une autre vache descend d'une colline vers un groupe de moutons. A droite, une quatrième vache, vue de profil, boit dans les eaux d'un ruisseau venant du fond et formant cascade. Du même côté, sur un tertre, au second plan, une jeune fille, assise, couronne un jeune garçon placé près d'elle. Le fond est boisé. — Signé et daté 1670. — Très-terminé à la plume, lavé de bistre et d'encre de Chine. — H. 0,315, L. 0,270.

Collections Gole, Claussin, F. Reiset.

(*Appartient à Mgr le duc d'Aumale.*)

406. VELDE (A. VAN DE). *La Charrette à foin.* Une ligne d'arbres, recevant les rayons du soleil couchant, occupe tout le second plan du dessin. A gauche, deux vaches dans un pâturage. A droite, sur le premier plan, une charrette chargée de foin et traînée par un cheval. Le conducteur, assis sur le brancard de la charrette, est accompagné d'un autre homme à pied, portant un râteau sur son épaule, et suivi de son chien. Dans le fond, et du même côté, le clocher d'un village. — A l'aquarelle, avec quelques touches de gouache. — H. 0,140, L. 0,257.

Collections Claussin, Révil, F. Reiset.

(*Appartient à Mgr le duc d'Aumale.*)

407. MIERIS (Frans van, 1635-1681). *L'Avare*. A la lueur d'une lanterne posée sur un appui en pierre, un homme, coiffé d'une toque de velours noir, considère avec attention une pièce de monnaie qu'il tient de ses deux mains. La lumière frappe avec force sur son vêtement et sur son visage. — A la pierre noire et à l'encre de Chine, sur papier du Japon. — H. 0,210, L. 0,155.

Collections Gole, Idsinga, F. Reiset.

(Appartient à Mgr le duc d'Aumale.)

408. HOBBEMA. Ferme avec moulin. A gauche, dans le fond, un chevet d'église. — Au crayon noir, lavé à l'encre de Chine. — H. 0,170, L. 0,297.

Collections Verstolk, de Soelen.

(Appartient à M. Dutuit.)

409. HOBBEMA (Meyndert, 1638-1709). Maison et ferme entourées d'un fossé plein d'eau. — A la pierre noire, lavé à l'encre de Chine. — H. 0,142, L. 0,268.

(Appartient à Mgr le duc d'Aumale.)

410. NETSCHER (Caspar, 1639-1684). Jeune femme jouant de la mandoline, assise, vue de profil, tournant la tête vers le spectateur, vêtue d'une pelisse de soie, de couleur foncée, garnie d'hermine. Daté 1664. — Au crayon noir et vigoureusement lavé d'encre de Chine. — H. 0,160, L. 0,130.

Collections Tonneman, Dimsdale, Révil, F. Reiset.
Gravé en fac-simile dans l'ouvrage de Ploos Van Amstel et Josi.

(Appartient à M le duc d'Aumale.)

411. ROMIJN (Willem, 1642 après 1693). Un paysage avec une vache à gauche, sur le premier plan, se baignant dans une rivière. A droite, deux moutons couchés, plus loin le pâtre endormi et près de lui trois vaches dans diverses attitudes devant une haie.

Dans le fond un autre berger. A l'horizon, des montagnes. Dans le coin, à gauche, la signature de l'artiste et la date 1692. — Crayon noir, lavé à l'encre de Chine. — H. 0,175, L. 0,287.

Collection Andréossy.

(*Appartient à M. Étienne Arago.*)

412. DUSART (CORNELIUS, 1665-1704). Grande composition. Devant une auberge, des paysans jouent aux quilles, dansant, buvant et chantant. Signé et daté 1680. — Au crayon noir, lavé d'encre de Chine. — H. 0,435, L. 0,353.

Étude pour le tableau conservé chez M. J. Hodson.

(*Appartient à M. Dutuit.*)

413. DUSART (C.). *La Fête de saint Nicolas.* Dans une cuisine des enfants jouent près d'une chaise chargée de pains et de fruits. La mère est en train de pendre la marmite. A droite, le père, fumant sa pipe, se retourne vers les enfants. Signé sur le dossier de la chaise : *Corn. Dusart ft 1667.* — H. 0,337, L. 0,278.

(*Appartient à M. J. d'Ephrussi.*)

414. PRINS (JAN HUBERT, 1757-1806). Intérieur de ville (Harlem ?). Sur le premier plan, un canal avec pont à écluse. A droite, maison dans le vieux style hollandais, ornée d'une statue du tanneur Coster. Dans le bas, sur la première marche d'un escalier, une servante. — Aquarelle. — H. 0,207. — L. 0,260.

(*Appartient à M. J. d'Ephrussi.*)

415. PRINS. Cour pavée avec bâtiment couvert en tuiles. Une femme filant devant la porte, au pied d'un escalier ; un enfant, avec un cerceau et un chien, à côté d'elle. Signé et daté 1790. — Aquarelle. — H. 0,370, L. 0,276.

(*Appartient d'Ephrussi.*)

416. OMMEGANCK (BALTHASAR-PAUL, 1755-1826). Grand paysage avec mouton et chèvre. Dans le lointain, à gauche, un homme et deux ânes suivis d'un chien. Groupe d'arbres. Signé. — Au pinceau, au bistre et à l'encre de Chine. — H. 0,275, L. 0,310.

Collection Simon.

(*Appartient à M. Dutuit.*)

ÉCOLE FRANÇAISE

417. ÉCOLE FRANÇAISE (XVe SIÈCLE, ENVIRON 1470). Deux dessins aux traits sur vélin, au bistre et enluminés à l'aquarelle. Sur l'un, une composition représentant, au milieu d'une foule, un roi à cheval recevant les clefs d'une ville, d'un chevalier qui les lui présente, un genou en terre. Sur l'autre, un roi sur son lit de mort, entouré de ses enfants et de ses courtisans. Le roi a dans les mains un faisceau de flèches; un serviteur en tire une du faisceau. — H. 0,317, L. 0,152 (chacun).

Collection Robinson.

Sujet emprunté à quelque vieux fabliau. Peut-être des compositions pour tapisseries.

(Appartient à M. Malcolm.

418. COUSIN (JEAN, 1500-1589?) *Épisode de bataille*. Un empereur à cheval au milieu de la mêlée, peut-être Constantin combattant Licinius. — A la plume et au bistre. — H. 0,300, L. 0,420.

Dans le bas, un trait de plume, figurant une portion d'ovale, semble indiquer que le dessin a été fait pour une peinture de plafond.

(Appartient à M. Dumesnil.)

419. CLOUET (DIT JANET, vers 1500-1573). Portrait d'une jeune princesse, vue en buste, de trois quarts, la main droite posée sur la main gauche. Des filets de perles ornent son cou, ses cheveux et sa poitrine. Le corsage de la robe est bleu ; les manches sont

rougeâtres. — Au crayon rouge et noir, lavé d'aquarelle et de gouache, et rehaussé d'or dans certaines parties de l'habillement. H. 0,295. L. 0,215.

Collection F. Reiset.

Portrait d'Isabelle de la Paix à l'âge de quinze ans environ (fille de Catherine et de Henri II, laquelle épousa Philippe II, roi d'Espagne). Exécuté en 1559 au moment où la princesse quitta la France.

(Appartient à Mgr le duc d'Aumale.)

420. CLOUET. Monsieur d'Alençon, frère du roi, enfant, vu à mi-corps de trois quarts à gauche, en riche costume. — Aux deux crayons. — H. 0,327, L. 0,224.

(Appartient à Mgr le duc d'Aumale.)

421. CLOUET. Portrait de la duchesse d'Angoulême (1476-1532), vue de trois quarts à gauche; costume et coiffe noirs. — Aux trois crayons. — H. 0,280, L. 0,215.

Collection Lenoir.

(Appartient à Mgr le duc d'Aumale.)

422. CLOUET. Portrait de Madame de la Rochefoucauld de la Mirande, vue de trois quarts à gauche, à mi-corps. Riche costume; corsage décolleté; rangées de perles autour du cou; coiffure ornée de perles.— Aux trois crayons, avec rehauts jaune d'aquarelle. H. 0,285, L. 0,220.

Collection Lenoir.

(Appartient à Mgr le duc d'Aumale.)

423. DELAUNE (ÉTIENNE, 1519-1583). Dessin d'ornementation, avec cinq médaillons renfermant des sujets tirés de l'histoire de Moïse, reliés entre eux par des grotesques. — A la plume, sur vélin.— Rond, diam., 0,280.

(Appartient à M. Gatteaux.)

424. DELAUNE (E.). *Le Triomphe de la Foi.* Dans les niches qui ornent les côtés d'un temple, les statues de David et de Salomon. — A la plume, avec lavis d'encre de Chine, sur vélin. — H. 0,195, L. 0,285.

(*Appartient à M. Galichon.*)

425. DELAUNE. *L'Astronomie.* Des savants, devant une table chargée de livres de calcul et d'un globe céleste, discutent et essayent divers instruments. A gauche et à droite, une figure dans une niche. En haut, au milieu, dans un cartouche ovale, l'Astronomie, personnifiée, consulte un globe.—A la plume, avec lavis d'encre de Chine. — H. 0,205, L. 0,295.

(*Appartient à M. Galichon.*)

426. DELAUNE (E.). *Les Sciences.* Réunion de savants et de philosophes, avec leurs attributs, autour d'une table, dans un temple d'une riche architecture. — A la plume, et lavé, sur vélin. — H. 0,205, L. 0,290.

Ces trois dessins font partie d'une suite dont il se trouve plusieurs feuilles dans la collection de M. Destailleur.

(*Appartient à M. Dumesnil.*)

427. DELAUNE (JEAN, *attribué à*). Modèle de miroir, de forme ronde, enrichi d'ornements d'une grande délicatesse. Les figures de Diane et d'Apollon se répètent de chaque côté. Dans le haut, Jupiter sur son aigle, tenant le foudre. Tous les détails de l'ornementation, figurines d'hommes et d'animaux, pierres précieuses, mascarons, etc., sont exécutés avec une grande précision. — A la plume, lavé de bistre et d'aquarelle, sur vélin. — H. 0,280, L. 0,180.

Collections Révil, F. Reiset.

(*Appartient à Mgr le duc d'Aumale.*)

428. DELAUNE (JEAN, ÉCOLE DE). Garde d'épée. — Plume et aquarelle. — H. 0,275, L. 0,207.

(*Appartient à Mgr le duc d'Aumale.*)

429. DELAUNE (JEAN, ÉCOLE DE). Garde d'épée. — Plume et aquarelle. — H. 0,270, L. 0,190.

(*Appartient à Mgr le duc d'Aumale.*)

430. PILON (GERMAIN, vers 1535-1590). Six études de Vierge debout, avec l'Enfant Jésus dans les bras. — A la plume, au trait. — H. 0,200, L. 0,390.

Collection Firmin-Didot.
Projet de statues.

(*Appartient à M. Galichon.*)

431. LAGNEAU (COMMENCEMENT DU XVIIe SIÈCLE). Portrait de Rabelais, s'il faut en croire cette inscription placée au haut du dessin : *Françoys Rabelais.* Il est vu en buste, tourné de trois quarts à droite, tenant entre ses mains une feuille de papier déployée, qu'il lit attentivement à travers un pince-nez; plume à l'oreille. — A la pierre noire et à la sanguine. — H. 0,410, L. 0, 280.

(*Appartient à M. le baron de Beurnonville.*)

432. DUMONSTIER (DANIEL, 1576-1646). Portrait de François Malherbe. Buste, vu de trois quarts à gauche, avec pourpoint et collerette. — A la plume et au crayon noir. — Ovale. — H. 0,117, L. 0,087.

Collection Lenoir.

(*Appartient à Mgr le duc d'Aumale.*)

433. DUMONSTIER. Portrait de Jean de la Valette, duc d'Épernon (1554-1642), vu de trois quarts à gauche; une collerette au cou, à peine indiquée. — Aux trois crayons. — H. 0,310, L. 0,235.

(*Appartient à Mgr le duc d'Aumale.*)

434. DUMONSTIER. Portrait de Louis de Lorraine, cardinal de Guise (1575-1621), coiffé d'une calotte. Vu de trois quarts à gauche. — Aux trois crayons. — H. 0,300, L. 0,260.

Collection Lenoir.

(*Appartient à Mgr le duc d'Aumale.*)

435. CALLOT (JACQUES, 1592-1635). *« Il ne faut pas réveiller le chat qui dort, etc. »*—A la plume.—H. 0,190, L. 0,157.

Gravé sous ce titre : *Plus il gèle, plus il estreint,* dans la suite des *Proverbes* publiés par Lagniet de 1631-1663.

(*Appartient à M. Dumesnil.*)

436. POUSSIN (NICOLAS, 1594-1665). *Le Mariage,* de la suite des Sept Sacrements. Nombreuses figures. Les fonds représentent un vaste temple à colonnes. — A la plume, lavé de bistre. — H. 0,175, L. 0,225.

Collections Mariette, Conyngham.

Les six autres dessins de la suite, faisant partie de la collection His Lasalle, sont conservés au Musée du Louvre.

(*Appartient à M. Dumesnil.*)

437. POUSSIN (N.). Sujet inconnu. Des bergers paraissent présenter des rayons de miel à un personnage couché vers la droite. A gauche, des nymphes debout ou assises. — Au pinceau, au bistre sur croquis au crayon. — H. 0,170, L. 0,240.

Collections Conyngham, F. Reiset.

(*Appartient à Mgr le duc d'Aumale.*)

438. POUSSIN (N.). Paysage avec arbres d'une forme élégante et de la plus riche végétation. Un chemin bordé d'arbrisseaux, passant sur une voûte, forme le premier plan. Dans le fond, vers la droite, une ville et son clocher. — A la plume et vigoureusement lavé de bistre. — H. 0,255, L. 0,185.

Collections Mariette, F. Reiset.

(*Appartient à Mgr le duc d'Aumale.*)

439. POUSSIN (N.). Paysage. Le premier plan est occupé par un vieil arbre, dont le tronc se partage en plusieurs gros rameaux. Un moine est assis vers la

droite, au pied d'un rocher. — Lavé de bistre sur crayon. — H. 0,265, L. 0,200.

Collections du peintre Gros, du général Griois, F. Reiset.

(*Appartient à Mgr le duc d'Aumale.*)

440. POUSSIN (N.). Paysage. Un arceau antique, armorié de l'écusson papal, en occupe la gauche. Dans le fond, derrière un groupe de jeunes arbres et d'arbrisseaux, une réunion de fabriques posées sur un coteau. De légers nuages traversent le ciel. — Au pinceau et au bistre. — H. 0,220, L. 0,275.

Collections du comte de Fries, F. Reiset.

(*Appartient à Mgr le duc d'Aumale.*)

441. POUSSIN (N.). *L'Enfance de Bacchus*, d'après l'antique. — Lavé de bistre sur crayon. — H. 0,090, L. 0,365.

Collection F. Reiset.
D'après un bas-relief du Musée du Capitole.

(*Appartient à Mgr le duc d'Aumale.*)

442. POUSSIN (N.). *Castor et Pollux*, d'après l'antique. — A la plume et lavé de bistre. — H. 0,245, L. 0,018.

Collections Dupan, F. Reiset.

(*Appartient à Mgr le duc d'Aumale.*)

443. POUSSIN (N.). *Chevaux se cabrant*, d'après l'antique. Ils paraissent copiés sur une même sculpture, prise sous deux aspects différents. — Croquis au pinceau. — H. 0,200, L. 0,270.

Collection F. Reiset.

(*Appartient à Mgr le duc d'Aumale.*)

444. POUSSIN (N.). Lutte de deux Amours montés sur des boucs, ils se jettent tête baissée l'un sur l'autre. Deux Nymphes nues assistent à la lutte; l'une d'elles

se prépare à couronner le vainqueur. — A la plume, lavé de bistre. — H. 0,200, L. 0,280.

Collections Spencer, His de Lasalle.

(*Appartient à M. Armand.*)

445. POUSSIN (N.). *Bacchanale.* Une femme assise, vue de dos, tient de la main gauche une coupe qu'un homme remplit de vin. Un autre homme dort sur ses genoux; un Satyre est à sa droite. Une Nymphe et un Faune dansent au son de la flûte dont joue un jeune garçon appuyé contre une colonne. Vers la gauche, des enfants emplissent une cuve. — Très-vivement exécuté, à la plume, lavé de bistre. — H. 0,155, L. 0,210.

Collections Mariette, Lagoy, Dimsdale, T. Lawrence, Conyngham, F. Reiset.

Ce dessin a été peu fidèlement gravé en 1688 par J. Mariette. Basan le désigne sous le nom de *Triomphe de Flore.*

(*Appartient à Mgr le duc d'Aumale.*)

446. POUSSIN (N.). *L'Enlèvement des Sabines.* — A la plume, et lavé de bistre. — H. 0,200, L. 0,195.

Collections Mariette, Bordage, baron Roger, F. Reiset.

Composition différente de celle exécutée en peinture.

(*Appartient à Mgr le duc d'Aumale.*)

447. POUSSIN (N.). *L'Adoration des Mages.* Première composition. — A la plume et lavé de bistre. — H. 0,175, L. 0,330.

Collections Crozat, Denon, F. Reiset.

(*Appartient à le duc Mgr d'Aumale.*)

448. POUSSIN (N.). *L'Adoration des Mages.* Deuxième composition. Quelques figures ont été retranchées, d'autres changées. — A la plume et lavé de bistre. — H. 0,220, L. 0,320.

Collections Crozat, Révil, F. Reiset.

Ces deux dessins sont des études pour le tableau du Louvre.

(*Appartient à Mgr le duc d'Aumale.*)

449. POUSSIN (N.). *Sainte Famille.* Sainte Élisabeth, agenouillée, fait adorer par saint Jean l'Enfant Jésus, assis sur les genoux de sa mère, à qui un autre enfant présente une corbeille de fleurs. Derrière la Vierge, saint Joseph et sainte Anne debout. Fond de paysage. — A la plume et lavé sur papier gris. — H. 0,240, L. 0,260.

Collections T. Lawrence, F. Reiset.

Première pensée du tableau fait en 1649 pour M. Pointel, et que Félibien désigne ainsi : *Un tableau d'une Vierge qu'on appelle des Dix figures.*

(*Appartient à Mgr le duc d'Aumale.*)

450. POUSSIN (N.). *Abraham chassant Agar et Ismaël.* Sara, debout vers la droite, paraît se réjouir de l'humiliation de sa rivale. — Lavé de bistre, sur croquis au crayon. — H. 0,170, L. 0,250.

Collections général Griois, F. Reiset.

(*Appartient à Mgr le duc d'Aumale.*)

451. POUSSIN (N.). *Le Jugement de Salomon.* — A la plume, lavé de bistre. — H. 0,247, L. 0,383.

Collection Guichardot.

Première pensée, avec changement, du tableau du Louvre.

(*Appartient à M. A. Armand.*)

452. GELLÉE CLAUDE (DIT CLAUDE LORRAIN, 1600-1682). *Port de mer, coucher de soleil.* Riches édifices à gauche, navires à droite. — A la plume et au bistre. — H. 0,139, L. 0,250.

Collection Wellesley.

(*Appartient à Mgr le duc d'Aumale.*)

453. GELLÉE, DIT CLAUDE LORRAIN. Marine. Effet de soleil couchant. Quatre personnages, sortant d'une barque, s'avancent sur le rivage. A gauche, l'avant d'un vaisseau avec haute mâture. A droite,

rochers escarpés avec une tour et des arbres. — A la plume et à la sépia, avec rehauts blancs. — H. 0,185, L. 0,260.

Collection Schneider.

(*Appartient à M. Armand.*)

454. GELLÉE, DIT CLAUDE LORRAIN. Troupeau conduit par un berger, traversant un gué. Au centre du second plan, un bouquet d'arbres; à gauche, colonnade en ruine; à droite, autres arbres; un pont, une forteresse et des montagnes dans le fond. — A la plume, lavé de bistre et d'encre de Chine. Signé CLAUDIO GELLÉE *inv. et fecit*, *Romæ 1646*. — H. 0,150, L. 0,213.

Collections Denon, Wellesley.

(*Appartient à Mgr le duc d'Aumale.*)

455. GELLÉE, DIT CLAUDE LORRAIN. Vue prise à Rome devant *Santa Maria Maggiore*, le 17 janvier 17... Nombreuses figures, cavaliers, etc. On lit à gauche, en bas : « CLAUDIO LORRENO. » — A la plume et au bistre. — H. 0,209, L. 0,324.

Collection Wellesley.

(*Appartient à Mgr le duc d'Aumale.*)

456. GELLÉE, DIT CLAUDE LORRAIN. Vue prise sur le Tibre, à Rome. Le fleuve est bordé à droite et à gauche des maisons. Au second plan, un pont, et dans le fond le clocher d'une église. — A la plume et lavé de bistre. — H. 0,130, L. 0,185.

Collection F. Reiset

(*Appartient à Mgr le duc d'Aumale.*)

457. GELLÉE, DIT CLAUDE LORRAIN. *Vue de Prato Longo*. Campagne de Rome, avec bétail et berger au second plan. Au verso : CLAUDIO GELLÉE, *Romæ*

1643, de la main du maître. — A la plume et à la sépia. — H. 0,185, L. 0,297.

Collection Wellesley.

(*Appartient à M. Dutuit.*)

458. GELLÉE, DIT CLAUDE LORRAIN. Étude d'arbres. — Sépia, rehaussé de blanc. — H. 0,205, L. 0,262.

Collection Wellesley.

(*Appartient à Mgr le duc d'Aumale.*)

459. GELLÉE, DIT CLAUDE LORRAIN. Paysage. Un large massif d'arbres se reflète dans les eaux d'une rivière qui occupe tout le premier plan. Dans le fond, à droite, au pied d'une montagne, les restes d'un temple antique. Sur la gauche, la figure de Daphné changée en laurier. — Très-terminé, à la plume et au bistre. — H. 0,180, L. 0,250.

Collections Bordage, baron Roger, Rossi, F. Reiset.

(*Appartient à Mgr le duc d'Aumale.*)

460. GELLÉE, DIT CLAUDE LORRAIN. Paysage. Au premier plan, un chemin, avec personnages se dirigeant à gauche vers de grands arbres. A droite, une colline boisée. Au fond, une tour qui domine une plaine étendue. A la plume et à la sanguine, lavé de bistre. — H. 0,203, L. 0,270.

Collections T. Lawrence, Esdaile.

(*Appartient à M. Armand.*)

461. LESUEUR (EUSTACHE, 1617-1655). *Le Christ portant la croix.* Simon le Cyrénéen essaie de soulever le fardeau sous lequel succombe Jésus. Sainte Véronique, agenouillée, approche un linge de la face du Sauveur, tandis qu'un soldat furieux s'apprête à le frapper de sa lance. — A la mine de plomb, lavé

de bistre et d'encre de Chine, sur papier gris. — H. 0,160, L. 0,360.

Collections général Griois, F. Reiset.

Première pensée du tableau du Louvre. L'artiste a retranché dans la peinture quatre figures de soldats qui se trouvent dans le dessin.

(*Appartient à Mgr le duc d'Aumale.*)

462. LESUEUR. Figure de Vierge, vue de face, drapée. Elle entoure de ses deux mains le berceau dans lequel dort l'Enfant Jésus. — Aux crayons noir et blanc, sur papier gris. — H. 0,250, L. 0,220.

Collections général Griois, F. Reiset.

(*Appartient à Mgr le duc d'Aumale.*)

463. PUGET (Pierre, 1622-1694). Étude pour une statue de Vénus, nue, couchée sur un lit, les bras relevés au-dessus de la tête. Le haut du corps repose sur d'épais coussins. Le lit est placé sur une espèce de piédestal surchargé d'ornements. Près de la figure, on lit ces mots, de la main de Puget : *Tout ce qui est en noir est de la dépendance du bronze. — Le surplus concerne la couchette en forme de petit navire, lit propre à la fille de l'Onde.* L'artiste a présenté son monument sous diverses faces et a joint au dessin toutes les explications désirables, pour bien faire comprendre la pensée de sa composition. Ainsi, près de la *couchette*, vue sur un de ses côtés, il a écrit : *Proue de la grandeur de l'ouvrage et pied du lit* Près d'une grosse pomme : *Prix de la beauté.* Il a représenté aussi le lit vu du côté du dossier; ce lit est orné d'une grande coquille et d'une étoile, et on voit les bras de la déesse en raccourci et repliés sur les coussins... *Pouppe et dossier du lit.— Planette de Vénus,* etc. — Exécuté d'une plume très-large et très-ferme, moitié à l'encre noire, et moitié à l'encre rouge. — H. 0,355, L. 0,910.

Collecton F. Reiset.

On lit dans le haut de ce dessin ces mots : *Je vous enge. à garder ce dessin. Il est aussi beau qu'un Michel-Ange.* L. David. Un timbre B. S. se trouve aux quatre coins.

(*Appartient à Mgr le duc d'Aumale.*)

464. NANTEUIL (Robert, 1630-1678). Portrait de G. de Lamoignon. Grand buste, vu de trois quarts à droite enveloppé d'un manteau garni d'hermine. — A la mine de plomb. H. 0,150, L. 0,120.

Collection Lenoir.

Étude pour la gravure exécutée par Nanteuil, en sens inverse, en 1663.

(*Appartient à Mgr le duc d'Aumale.*)

465. LEFEBVRE (Claude, 1633-1675). Portrait de Molière à mi-corps, presque de face, la tête tournée à gauche. Il tient un livre entre les mains. — Aux trois crayons. — Ovale. H. 0,370, L. 0,290.

(*Appartient à M. Valferdin.*)

466 et 466-*bis*. TORO (Bernard, 1671?-1731). Deux panneaux grotesques, avec sujets mythologiques dans les champs. — A la plume, lavé d'encre de Chine. — H. 0,465; L. 0,235.

(*Appartient à M. E. Fould.*)

467. GILLOT[1] (Claude, 1673-1722). *Feste du Dieu Pan.* — A la sanguine. — H. 0,160, L. 0,360.

Gravé par Gillot.

(*Appartient à M. de Goncourt.*)

468. WATTEAU (Antoine, 1684-1721). Un Mezzetin dansant, répété quatre fois, de dos, de face, de trois quarts, etc. — H. 0,250, L. 0,370.

Collection d'Imécourt.

Étude pour l'*Indifférent,* de la collection Lacaze. Les deux premières figures de gauche ont été gravées dans l'œuvre du maître, sous les nos 18 et 102.

(*Appartient à M. de Goncourt.*)

---

[1] Les dessins prêtés par M. de Goncourt ont été reproduits en fac-similé par la maison Braun.

469. WATTEAU (A.). *L'Automne*. Étude d'homme nu. — Aux trois crayons, sur papier chamois. — H. 0,280, L. 0,200.

Étude de la figure principale pour la peinture de la salle à manger de Crozat : *l'Automne*, gravé par Fessard.

(*Appartient à M. de Goncourt.*)

470. WATTEAU (A.). *Le Printemps*. Étude de femme nue. —Aux trois crayons sur papier chamois.—H. 0,320, L. 0,275.

Étude de la figure principale pour la peinture de la salle à manger de Crozat : *le Printemps*, gravé par Desplaces et par Jules de Goncourt.

(*Appartient à M. de Goncourt.*)

471. WATTEAU (A.). Cinq études de mains de femme. — A la sanguine et à la mine de plomb sur papier blanc. — H. 0,150, L. 0,210.

Collection Desperet.

(*Appartient à M. de Goncourt.*)

472. WATTEAU (A.). Études d'une tête de femme, sous différents aspects; au dessous, une tête de paysanne, un masque et une tête d'homme. — Aux trois crayons, sur papier chamois. — H. 0,225, L. 0,285.

(*Appartient à M. de Goncourt.*)

473. WATTEAU (A.). Neuf études de têtes; dans le haut, cinq têtes de femme dans différentes attitudes; au-dessous, tête d'homme, coiffée d'un tricorne, buste de femme vu de dos à mi-corps, couvert d'une robe à grand pli, tête de femme baissée; tête d'homme, vue de trois quarts, à droite. — Aux trois crayons. — H. 0,175, L. 0,415.

Collection Guichardot.

(*Appartient à M. Rutter.*)

474. WATTEAU (A.). Quatre études de buste de femme sur

une feuille. — Au crayon blanc, rouge et noir, sur papier teinté jaune pâle.— H. 0,330, L. 0,241.

Collections Utterson, Robinson.

(*Appartient à M. Malcolm.*)

475. WATTEAU (A.). Un Mezzetin en pied, vu de face, la tête levée, tournée à gauche, en costume de la comédie italienne, portant une guitare sous le bras. — A la sanguine. — H. 0,370, L. 0,200.

C'est le portrait d'Angelo Constantini, dit Mezzetin, célèbre acteur du temps.

(*Appartient à M. Dumesnil.*)

476. WATTEAU (A.). Deux femmes assises, l'une tournée à droite, regardant le spectateur; l'autre, vue de profil, dans le sens contraire.— Au fusain et au crayon rouge, rehaussé de blanc sur papier gris.— H. 0,250, L. 0,182.

(*Appartient à M. Louis Galichon.*)

477. WATTEAU (A.). Deux femmes, assises à terre; l'une est vue de profil, la tête tournée vers le spectateur; l'autre est appuyée en arrière, le corps portant sur le bras droit, tenant son éventail de la main gauche. — A la mine de plomb et à la sanguine, avec quelques touches de crayon noir. — H. 0,155, L. 0,235.

Collection F. Reiset.
Études pour le tableau connu sous le titre *les Champs-Élysées.*

(*Appartient à Mgr le duc d'Aumale.*)

478. WATTEAU (A.). Jeune femme assise à terre, se couvrant la tête de sa mante. Vers la droite du dessin, tête d'homme vue de trois quarts. — A la mine de plomb, au crayon noir et à la sanguine. — H. 0,155, L. 0,215.

Collection F. Reiset.

(*Appartient à Mgr le duc d'Aumale.*)

479. WATTEAU (A.). Femme assise à terre. La tête est vue de trois quarts, tournée vers la gauche; la main repose sur les plis du manteau; les jambes sont croisées. — A la sanguine. — H. 0,200, L. 0,195.

Collection F. Reiset.

(Appartient à Mgr le duc d'Aumale.)

480. WATTEAU (A.). Étude, d'après nature, d'homme debout, vêtu d'un habit à larges basques, la tête de profil, tournée vers la droite, coiffée d'un chapeau à grands bords. — A la sanguine et à la pierre noire, avec quelques touches de lavis. — H. 0,370, L. 0,200.

Collection F. Reiset.

(Appartient à Mgr le duc d'Aumale.)

481. WATTEAU (A.). Jeune femme en profil perdu, marchant vers la gauche, la poitrine découverte, les mains sur le buste, la droite retenant un pan de la mante. Cheveux relevés sur le derrière de la tête par un ruban. — Au crayon noir et à la sanguine. —H. 0,325, L. 0,195.

Collection His de Lasalle.

(Appartient à M. Bonnat.)

482. WATTEAU (A.). *Le Joueur de flûte*, debout; près de lui, une jeune femme assise, un bras appuyé sur une cage. — Aux crayons rouge et noir, sur papier blanc. — H. 0,410, L. 0,260.

Collection Saint.

(Appartient à M. E. Marcille.)

483. WATTEAU (A.). Buste d'une jeune femme coiffée d'un bonnet (vue dans deux attitudes). — Au crayon rouge et noir sur papier préparé jaune clair. — H. 0,270, L. 0,175.

Collection Marchetti, lord Pomers, Robinson.
Sur du papier dont le filigrane montre les armes de la ville

de Londres. Étude faite évidemment pendant le séjour de Watteau en Angleterre. Au verso les mots : » *Singulare disegno di Vatę* » de la main du père Resta.

(Appartient à M. Malcolm.)

484. WATTEAU (Louis-Joseph, 1731-1831). *Ribotte de grenadiers.* — Au crayon noir, mélangé de sanguine brune et rehaussé de blanc, sur papier gris. — H. 0,237, L. 0,285.

Au dos la signature de l'artiste. Gravé par Ch. Beurlier.

(Appartient à M. de Goncourt.)

485. NATTIER (Jean-Marc, 1686-1766). Six têtes, celles de Nattier, de deux jeunes femmes, de deux enfants et d'un abbé : l'artiste et sa famille. Signé, en bas à gauche. J. M. Nattier. — Aux deux crayons. Les deux du centre : H. 0,167, L. 0,133. Les quatre autres : H. 0,175, L. 0,145.

(Appartient à M. Constantini.)

486. OUDRY (Jean-Baptiste, 1686-1755). Un canard sauvage et un lièvre accrochés à un clou. En bas, des bouteilles, du pain et du fromage. — A la pierre d'Italie, rehaussé de blanc, sur papier bleu. — H. 0,390, L. 0,220.

Étude pour le tableau du dessus de cheminée de la salle à manger de M. Joubert, libraire, exposé au salon de 1742.

(Appartient à M. de Goncourt.)

487. OUDRY. Un baquet, débordant de poissons de mer, qui se répandent à terre. Au bout d'un mât, où sèche un filet, un perroquet. — Signé : Oudry, 1740. — A la pierre d'Italie, rehaussé de blanc, sur papier bleu. — H. 0,307, L. 0,400.

Collection Andréossy.

(Appartient à M. de Goncourt.)

488. OUDRY. Dans une niche de buffet, un faisan et un lièvre accrochés à un clou. Sur la tablette, gigot, volaille piquée, cardons, bouteilles et paniers. — Signé à gauche : J.-B. OUDRY, 1743. — A la pierre d'Italie, rehaussé de blanc, sur papier bleu. — H. 0,345, L. 0,255.

(*Appartient à M. de Goncourt.*)

489. OUDRY. Un cygne effrayé par un chien, les ailes largement déployées, au bord d'un étang entouré de plantes et d'arbres. Signé. — Au pinceau, à l'encre de Chine, avec rehauts blancs, sur papier gris. — H. 0,350, L. 0,400.

(*Appartient à M. de Goncourt.*)

490. OUDRY. *Hallali de chevreuil.* Dans un paysage, un chevreuil est attaqué par des chiens. — Crayon noir lavé d'aquarelle, avec rehauts blancs, sur papier gris. — H. 0,350, L. 0,270.

Gravé par Oudry. Au bas de la gravure ces vers :

« Arrêtez, cruels! Arrêtez!
« De ce jeune Chevreuil épargnez l'innocence!
C'est aux Renards, aux Loups, à subir la Vengeance
« Des maux qu'ils font de tous côtés. »

(*Appartient à Mgr le duc d'Aumale.*)

491. LAJOUE (JACQUES, 1686-1761). Halte de Chasseurs, au pied d'une fontaine monumentale. — A la plume, lavé d'aquarelle. — H. 0,230, L. 0,265.

(*Appartient à M. de Goncourt.*)

492. MASSÉ (JEAN-BAPTISTE, 1687-1767). Buste d'un homme de cour, portant le cordon de Saint-Michel. Au bas, dans la marge, de l'écriture de Massé : *J.-B. Massé fecit.* — Au crayon noir, rehaussé de blanc; la figure lavée de couleurs sur sanguine. — Ovale. — H. 0,170, L. 0,130.

(*Appartient à M. de Goncourt.*)

493. PARROCEL (CHARLES, 1688-1752). *La Course des têtes et de la bague,* avec la tête du pistolet, la tête de l'épée, la tête de Méduse, la tête de la lance, etc. — A la sanguine. — H. 0,255, L. 0,455.

Collection Le Bas.

Gravé en réduction et avec changements, à l'eau-forte, par Ch. Parrocel, dans *l'École de cavalerie,* par M. de la Guérinière, vol. I, p. 302.

(*Appartient à M. de Goncourt.*)

494. LANCRET (NICOLAS, 1690-1743). Une femme debout, tenant un masque; une autre assise, chantant, un cahier de musique à la main; toutes deux vêtues de robes garnies de fourrures. — Aux trois crayons sur papier jaunâtre. — H. 0,180, L. 0,290.

Gravé par Jules de Goncourt. Ces deux figures se retrouvent sur un tableau de Lancret conservé dans les appartements du château de Potsdam.

(*Appartient à M. de Goncourt.*)

495. MEISSONNIER (JUSTE-AURÈLE, 1695-1750). Flambeau en rocaille, à cinq lumières; un aigle dans la niche formée en bas par les tortilles de la rocaille, un Amour soutenant la plus haute girandole. — A la plume, lavé de couleur jaune sur encre de Chine. Mise au carreau. — H. 0,290, L. 0,185.

Gravé dans l'œuvre de Meissonnier sous ce titre : *Projet d'un grand chandelier pour le Roi.*

(*Appartient à M de Goncourt.*)

496. PATER (JEAN-BAPTISTE, 1696-1736). Un couple assis, causant; dans le fond à gauche, un homme lutinant une femme. — Aux trois crayons, sur papier chamois. — H. 0,250, L. 0,310.

Étude pour le tableau : *l'Amour et le Badinage,* gravé par Filleul.

(*Appartient à M. de Goncourt.*)

497. CHARDIN (JEAN-BAPTISTE-SIMÉON, 1699-1779).

Homme de profil, une épaule appuyée au mur, se disposant à lancer une boule. — Signé et daté 1760. — A la sanguine. — H. 0,347, L. 0,225.

Gravé par Jules de Goncourt.

(*Appartient à M. de Goncourt.*)

498. CHARDIN (*attribué à*). Deux bustes dans le même cadre. Portraits de Chardin tourné à droite, presque de face, et de sa femme regardant à gauche, presque de face, un bonnet sur la tête, un collier de perles autour du cou; un manteau garni de fourrures laisse voir la robe. — A la sanguine, sur papier blanc. — H. 0,440, L. 0,339.

Collection La Fontinelle.

(*Appartient à M. Jadin.*)

499. ÉCOLE FRANÇAISE (FIN DU XVIIIe SIÈCLE). *Académie de Peinture, le soir.* Le modèle, éclairé par la lumière d'une lampe, figure un Christ. Les peintres, vus de dos sur le premier plan, de profil au second plan et de face dans le fond, travaillent, assis ou debout, près de leurs pupitres. — A la plume, avec sanguine et lavé d'encre de Chine. — H. 0,340, L. 0,440.

(*Appartient à M. Dumesnil.*)

500. ÉCOLE FRANÇAISE ? (FIN DU XVIIIe SIÈCLE). Dans un élégant intérieur, une jeune femme, en robe de chambre garnie de flots de dentelles, assise sur une chaise, tournée à droite, la tête de trois quarts, les mains croisées sur les genoux et tenant un livre. Derrière, un paravent. A droite, une cheminée cachée en partie par un écran. — Pastel. — H. 0,197, L. 0,250.

(*Appartient à madame C. Floquet.*)

501. PORTAIL (JACQUES-ANDRÉ, 1759). Deux négrillons, en costume de coureurs, accoudés à une table, por-

tant un pot à eau et une cuvette. — A la sanguine et au crayon noir. — H. 0,275, L. 0,247.

(*Appartient à M. de Goncourt.*)

502. PORTAIL. Jeune femme en pied, assise, vêtue d'un costume à grande jupe ballonnante, une canne en main, se retourne vers un homme qui se penche pour lui causer. — Sanguine et crayon noir. — H. 0,310, L. 0,260.

(*Appartient à M. de Goncourt.*)

503. PORTAIL. Son portrait, en buste, de trois quarts, une main appuyée à la joue. — A la sanguine, à la craie, au crayon noir et à la mine de plomb, sur papier jaunâtre. — H. 0,220, L. 0,160.

Collection Aussant.

Une inscription de l'écriture du temps dans la marge porte : *Dessiné par M. Portail de l'Académie royale de peinture et de sculpture, premier dessinateur du cabinet du Roi, garde des plans et tableaux de la Couronne.*

(*Appartient à M. de Goncourt.*)

504. GRAVELOT (Hubert-François Bourguignon, dit, 1699-1773). Allégorie satirique à deux personnages, dans un encadrement rocaille; en haut cette inscription : *The itinerant Handy-Craftman, or Caleb turned Tinker*. Sujet tiré du poème d'Hudibras. — A la plume, lavé de bistre. Signé. — H. 0,220, L. 0,301.

Collection Andréossy.

(*Appartient à M. de Goncourt.*)

505. GRAVELOT. *Le Colin-Maillard.* — A la plume et à la sanguine. Signé. — H. 0,180, L. 0,115.

Gravé dans une série de quatre vignettes, avec des vers de Martinet au bas.

(*Appartient à M. de Goncourt.*)

506. GRAVELOT. Femme debout, tenant un éventail et causant avec un gentilhomme, qui tient son cha-

peau sous le bras. — Au crayon noir, avec rehauts blancs sur papier jaunâtre. — H. 0,425, L. 0,340.

Collection Andréossy.

(*Apppartient à M. de Goncourt.*)

507. GRAVELOT. *Les Joueurs de dés*, ou *le Distrait*. Dans l'intérieur d'un élégant salon du temps de Louis XV, plusieurs personnages sont assis et jouent; l'un d'eux verse sur la table le contenu de son verre, croyant y jeter les dés. Plus loin, une soubrette tient une pantoufle et la présente par distraction. — A la plume, pour *le Distrait* de La Bruyère. — H. 0,170, L. 0,130.

(*Appartient à Mgr le duc d'Aumale.*)

508. GRAVELOT. Étude pour la gravure à l'eau-forte, intitulée : *le Désastre*. — A la plume, lavé de bistre. — H. 0,260, L. 0,340

Gravé sous ce titre : « Affreux incendie arrivé à la foire de Saint-Germain, le 17 mars 1762 ; 416 boutiques de marchands qui y ont perdu la plus grande partie de leurs biens. »

(*Appartient à M. le comte de la Béraudière.*)

509. JEAURAT (Étienne, 1699-1789). Un homme et une femme dansant. — A la pierre d'Italie, rehaussé de blanc sur papier bleu. — H. 0,225, L. 0,270.

Collection du chevalier Damery.

Étude pour les deux figures principales du tableau *la Place des Halles*. Gravé par Aliamet.

(*Appartient à M. de Goncourt.*)

510. JEAURAT. Étude pour le charretier attelé à la charrette dans le *Déménagement du peintre*. Dans un coin, une répétition de la tête coiffée d'un bonnet au lieu d'un chapeau. — A la pierre d'Italie, rehaussé de blanc sur papier gris. — H. 0,265, L. 0,195.

Gravé par Duflos.

(*Appartient à M. de Goncourt.*)

511. NATOIRE (Claude-Joseph, 1700-1777). Étude de femme assise, en chemise. — A la pierre d'Italie, sur papier gris, rehaussé de blanc. Signé. — H. 0,380, L. 0,260.

Collections Lempereur et Desperet.

(Appartient à M. de Goncourt.)

512. NATOIRE. Deux figures de déesses volant dans les nuages. — Au bistre, gouaché de blanc, sur papier gris. — H. 0,200, L. 0, 245.

Études pour un plafond.

(Appartient à M. de Goncourt.)

513. TREMOLLIÈRES (Pierre-Charles, 1703-1739). Petite bergère regardant un petit garçon qui dort, le ventre nu, sur un départ de rampe rocaille, dans un jardin. En forme d'écran, à la pierre d'Italie, lavé de bistre sur papier bleu. — H. 0,270, L. 0,210.

(Appartient à M. de Goncourt.)

514. BOUCHER (François, 1703-1770). Bergère assise sous un arbre, mettant à son chapeau une rose que lui demande un berger; auprès d'elle, une chèvre et des moutons. — Aquarelle. — H. 0,160, L. 0,210.

(Appartient à M. de Goncourt.)

515. BOUCHER. Femme vêtue à l'espagnole, vue de face assise, tenant de la main droite levée un éventail. — Aux trois crayons, sur papier jaunâtre. Signé et daté 1750. — H. 0,345, L. 0,240.

Collection Sireul.

(Appartient à M. de Goncourt.)

516. BOUCHER. Paysage. Une femme lave dans une auge, à côté d'un puits rustique. Dans le fond, des chaumières. — Au crayon noir, rehaussé de blanc. Signé. — H. 0,230, L. 0,260.

Gravé par Jules de Goncourt.

(Appartient à M. de Goncourt.)

517. BOUCHER. Académie de femme nue, vue de dos, se balançant sur ses pieds croisés; la main droite pose sur des étoffes que la main gauche soulève. — Aux trois crayons, rehaussé de pastel sur papier jaunâtre. — H. 0,360, L. 0,217.

Gravé par Jules de Goncourt. Étude pour la *Vénus au bain*, gravée par Demarteau.

(*Appartient à M. de Goncourt.*)

518. BOUCHER. *L'Adoration des bergers.* — Esquisse à l'essence sur papier. — H. 0,420, L. 0,287.

Collections Chevalier, Damery et Villenave.

(*Appartient à M. de Goncourt.*)

519. BOUCHER. Cour de ferme. Sous la treille de la porte ouverte, une femme avec un enfant dans sa jupe. Au bas de l'escalier une autre femme soulevant une terrine. Au premier plan, un âne, et un homme assis par terre. — A la plume, lavé de bistre sur un frottis de sanguine. — H. 0,250, L. 0,205.

Gravé par Jules de Goncourt.

(*Appartient à M. de Goncourt.*)

520. BOUCHER. Jardinière vue à mi-corps, coiffée d'un chapeau de paille, penchée sur un panier. — Au crayon noir, rehaussé de pastel, sur papier gris bleu. — H. 0,270, L. 0,300.

(*Appartient à M. de Goncourt.*)

521. BOUCHER. Dans un paysage, une jeune mère assoupie; à côté d'elle un enfant endormi; près d'eux un chien debout. — Au fusain avec rehauts blancs. Signé et daté 1766. — H. 0,216, L, 0,288.

(*Appartient à Mgr le duc d'Aumale.*)

522. BOUCHER. Atelier d'artistes où figurent cinq enfants dessinant d'après la bosse, peignant et broyant des couleurs. — A la pierre noire. — H. 0,150, 0,290.

Gravée par C.-N. Cochin d'après Boucher.

(*Appartient à M. Bottollier.*)

523. BOUCHER. Buste de jeune fille, de profil à droite, décolletée, inclinée en arrière. — Aux crayons de couleur. — H. 0,220, L. 0,155.

Collection His de Lasalle.

(*Appartient à M*me *White.*)

524. BOUCHER. Buste de jeune femme inclinée à droite, regardant à gauche; cheveux frisés et retenus par un ruban. — Aux crayons noir et rouge avec rehauts blancs. — H. 0,190, L. 0,150.

(*Appartient à M. Risler-Kestner.*)

525. BOUCHER. Portrait de jeune femme; buste, vu de face, légèrement penché en arrière, poitrine nue; une draperie bleue, jetée sur les épaules; un ruban noué dans les cheveux. — Aux crayons de diverses couleurs. — H. 0,235, L. 0,165.

(*Appartient à M. Dumesnil.*)

526. LATOUR (MAURICE-QUENTIN DE, 1704-1788). Mademoiselle Dangeville. Tète vue de trois quarts à gauche. — Préparation aux trois crayons, sur papier bleu. — H. 0,300, L. 0,200.

Le nom de Mlle Dangeville était écrit, d'une écriture du temps, sur une petite bande de papier collée sur le petit cadre noir habituel aux ébauches de Latour. Il est encore au dos du dessin. Un état plus avancé de ce portrait se trouve au Musée de Saint-Germain.

(*Appartient à M. de Goncourt.*)

527. LATOUR. Une femme à mi-corps, poudrée, en coiffure basse du milieu du siècle, une boucle de cheveux se déroulant sur la gorge, à gauche, un nœud de ruban au cou, décolletée, en robe de velours bleu, garnie de cygne et de dentelles. Derrière elle, le dos d'un fauteuil sculpté, à clous dorés, se détachant sur fond bleuâtre. — Pastel. — H. 0,575, L. 0,480.

(*Appartient à M. de Goncourt.*)

528. LATOUR. Portrait de Latour. Masque du grand-portrait du Louvre. — Pastel, sur papier jaunâtre. — H. 0,230, L. 0,165.

(*Appartient à M. de Goncourt.*)

529. LATOUR. Portrait de Chardin, vu de trois quarts, regardant à gauche. — Pastel, sur papier gris. — H. 0,350, L. 0,215.

Gravé à l'eau-forte par Jules de Goncourt.

(*Appartient à M. E. Marcille.*)

530. LATOUR. Masque de l'abbé Raynal, de trois quarts à gauche. — Pastel, sur papier bleu. — H. 0,320, L. 0,240.

Gravé à l'eau-forte par Jules de Goncourt.

(*Appartient à M. E. Marcille.*)

531. LATOUR. Tête de femme, vue de trois quarts, à gauche. Les cheveux à peine indiqués. — Aux trois crayons. — H. 0,360, L. 310.

(*Appartient à M. Rutter.*)

532. VANLOO (Carle, 1705-1765). Une femme assise, en déshabillé Pompadour, bonnet papillon sur coiffure basse, cravate de chemise au cou, échelle de rubans au corsage, engageantes à la saignée. La main droite, posée sur les genoux, tient un mouchoir. Le bras gauche s'appuie sur un coussin posé sur une table. Signé : Carle Vanloo, 1743. — A la pierre d'Italie, rehaussé de blanc, avec un léger ton de sanguine sur le visage et les mains, sur papier bleu. — H. 0,445, L. 0,320.

(*Appartient à M. de Goncourt.*)

533. VANLOO (Carle). Tête de jeune fille, vue de profil à gauche. — H. 0,250, L. 0,200.

Gravé par Fessard.

Étude pour la *Musique* du salon de compagnie de Mme de Pompadour, au château de Bellevue.

(*Appartient à M. de Goncourt.*)

534. VANLOO (Carle). Tête de jeune fille, vue de profil à droite. — H. 0,250, L. 0,200.

Gravé par Fessard.
Étude pour la *Peinture* du salon de compagnie de Mme de Pompadour, au château de Bellevue.

(*Appartient à M. de Goncourt.*)

535. VANLOO (Carle). *La Conversation espagnole.* — A la plume, légèrement lavé de bistre. — H. 0,255, L. 0,233.

Collections Norblin, Arozarena.
Première idée du tableau gravé par Beauvarlet.

(*Appartient à M. de Goncourt.*)

536. VANLOO (Carle). Portrait de Madame Favart, en costume de bergère, dans un paysage. Dans le fond, vaches et moutons. A droite, un hameau; à gauche, un groupe d'arbres. Signé. — Aux crayons rouge et noir. — H. 0,465, L. 0,315.

Gravé par J. Daullé en 1754.

(*Appartient à M. le comte de la Beraudière.*)

537. VANLOO (Carle). Tête de jeune fille, baissée, de profil à gauche, coiffée d'un petit bonnet. Fichu noué sur les épaules, ruban de velours autour du cou. — Aux trois crayons. — H. 0,205, L. 0,165.

Collection His de Lasalle.

(*Appartient à Mme White.*)

538. OLIVIER (Michel-Barthélemy, 1712-1784). Femme assise à terre, entourée d'études de bras et de mains. — A la sanguine; les études de bras et de mains, à la pierre d'Italie. — H. 0,147, L. 0,240.

(*Appartient à M. de Goncourt.*)

539. OLIVIER. Jeune femme assise, vue de profil, à droite, appuyant un cahier sur ses genoux, tenant un crayon de la main droite; petit bonnet,

mante bordée de fourrure, jupe en soie, souliers à talons rouges. Elle est assise sur une écharpe rayée rouge et blanc. Signature de Chardin apocryphe. — Crayon et sanguine, avec rehauts blancs. — H. 0,220, L. 0,163.

Collection His de Lasalle.

(*Appartient à Mme White.*)

540. PIERRE (JEAN-BAPTISTE-MARIE, 1713-1789). Un peintre aux genoux d'une femme dont il vient d'ébaucher le portrait, et lui pressant la main. — A l'encre de Chine, gouaché de blanc sur papier bleu. — H. 0,220, L. 0,270.

Signé dans le dos d'une chaise : *Pierre*. Dans la marge du dessin est écrit : LE SICILIEN. *Eh! bien, allez, oui, j'y consens* (Molière).

(*Appartient à M. de Goncourt.*)

541. PERRONEAU (JEAN-BAPTISTE, ?1715-1783). Portrait de Louis-Claude, comte de Goyon de Vaudurant, sous-gouverneur de Bretagne. Coiffé à l'oiseau royal, en habit de velours noir, jabot de dentelle, gilet de soie à fleurettes, traversé par le cordon rouge. — Pastel, sur beau vélin. — Ovale. — H. 0,710, L. 0,580.

Collection Aussant de Rennes.

(*Appartient à M. de Goncourt.*)

542. COCHIN (CHARLES-NICOLAS, 1715-1790). Portrait de femme, vue de profil, portant un collier de fourrure. — A la mine de plomb, sur pierre. Signé et daté, 1759. — H. 0,170, L. 0,126.

(*Appartient à M. de Goncourt.*)

543. COCHIN (CH.-N.). Portrait de Mme Dessaux, femme du premier médecin de l'Hôtel-Dieu de Paris, vue en buste de trois quarts à gauche. — A la pierre d'Italie. Signé et daté 1788. — H. 0,160, L. 0,110.

(*Appartient à M. de Goncourt.*)

544. COCHIN (CH.-N.). *Concours pour le prix d'étude des têtes et de l'expression, fondé à l'Académie royale de peinture et sculpture par M. le comte de Caylus, honoraire amateur, en 1760.* — A la pierre d'Italie avec rehauts blancs sur papier jaunâtre. Signé et daté 1761. — H. 0,327, L. 0,395.

Collections Caylus, Chardin.
Gravé par Flipart en 1763. Exposé au Salon de 1767.

(*Appartient à M. de Goncourt.*)

545. COCHIN (CH.-N.). *Le ballet des Quatre-Éléments*, représenté sur le théâtre de Versailles. Signé : *C. Cochin.* — Aquarelle sur plume. — H. 0,410, L. 0,600.

(*Appartient à M. de Goncourt.*)

546. COCHIN (CH.-N.). Madame de Pompadour jouant *Acis et Galatée* devant toute la cour. Signé : C.-N. COCHIN FILIUS INV. ET PINX. 1749. — A la gouache. — H. 0,140, L. 0,138.

Collection marquis de Ménars.
Voici la description du catalogue du cabinet du marquis de Ménars, p. 70, n° 304 : « La représentation de l'opéra d'*Acis et Galatée*, prise de la coupe du théâtre de la petite salle de spectacle, élevée sur l'escalier des Ambassadeurs à Versailles, faite à gouache. »

(*Appartient à M. le comte de la Béraudière.*)

547. BLARENBERGHE (LOUIS NICOLAS VAN, 1716-1794). *La noce de village.* Au centre, au second plan, grande table garnie de paysans et paysannes. Sur le devant, la jeune mariée entourée de personnes qui la félicitent; parmi elles, le châtelain, la châtelaine, l'abbé, etc. A droite, des musiciens. Au second plan à gauche, ferme et basse-cour. Dans les fonds, prairies animées de troupeaux. Sur la route, charrettes et voyageurs. A l'horizon, le château. Signé en toutes lettres et daté 1789, — Gouache. — H. 0,360, L. 0,540.

(*Appartient à Mlle Bischoffsheim.*)

248. BLARENBERGHE (VAN). Paysage. A gauche, entre des arbres, une chaumière devant laquelle on voit un paysan, une paysanne et des enfants. A droite, des lavandières. Au centre, au premier plan, pêcheurs vendant des poissons; plus à droite, deux ânes suivis de paysans et d'enfants. Au fond, des prairies. A l'horizon, une ville.—Gouache. H. 0,250, L. 0,385.

(*Appartient à Mme Beer.*)

549. CARROGIS (LOUIS, DIT CARMONTELLE, 1717-1806). *M. de Carmontelle, lecteur du duc d'Orléans*, assis à son bureau, sur une terrasse. — Aquarelle. — H. 0,250, L. 0,187.

(*Appartient à Mgr le duc d'Aumale.*)

550. CARMONTELLE. *Le célèbre Garrick.* « CARMONTELLE DELIN. AD VIVUM 1765. » — Aquarelle. — H. 0,315, L. 0,190.

Cette caricature fut faite au Raincy, sous les yeux de Mgr le duc d'Orléans, comme l'indique une inscription au dos du dessin.

(*Appartient à Mgr le duc d'Aumale.*)

551. CARMONTELLE. *M. de Saint-Marc, gentilhomme du duc d'Orléans*, et *M. de Belle-Isle, intendant des finances.* — Aquarelle. — H. 0,298, L. 0,190.

(*Appartient à Mgr le duc d'Aumale.*)

552. CARMONTELLE. *Mademoiselle L.-M. Thérèse-Bathilde d'Orléans, fille unique du duc d'Orléans, mariée au duc de Bourbon.* — Aquarelle. — H. 0,300, — L. 0,180.

(*Appartient à Mgr le duc d'Aumale.*)

553. CARMONTELLE. *M. le duc d'Orléans* (Louis-Philippe), *avec l'uniforme de l'équipage du Cerf.* 1763. Aquarelle. — H. 0,350, L. 0,225.

Gravé par Delafosse en 1763.

(*Appartient à Mgr le duc d'Aumale.*)

554. CARMONTELLE. *Mesdames d'Esclavelles et d'Épinay. M. de Linancourt, la mie Michel en contemplation.* 1760. — Aquarelle. — H. 0,290, L. 0,200.

(*Appartient à Mgr le duc d'Aumale.*)

555. CARMONTELLE. *Madame Hérault et Madame de Séchelles, sa bru.* — Aquarelle. — H. 0,260, L. 0,190.

Gravé par Delafosse.

(*Appartient à M. de Goncourt.*)

556. EISEN (Charles, 1720-1778). Une femme lisant à sa toilette; un Amour, derrière un fauteuil, la montre du doigt à un jeune homme qui entre. La scène est placée dans un encadrement très-orné, à cariatides, portant au bas des instruments de musique de chaque côté d'un médaillon, dans lequel on lit les quatre vers suivants :

Dans ce moment cher à mon cœur
Qui m'offre tout ce que j'adore,
Ma belle a l'éclat d'une fleur
Que l'amour vient de faire éclore.

Signé. — A la plume, lavé à l'encre de Chine. — H. 0,200, L. 0,260.

Gravé par Jules de Goncourt.

(*Appartient à M. de Goncourt.*)

557. EISEN (Charles). *Apollon et les Muses.* — A la plume, lavé à l'encre de Chine. Signé. — H. 0,180, L. 0,215.

(*Appartient à M. de Goncourt.*)

558. EISEN (Charles). Dans un bosquet, près d'une fontaine, Henri IV aux pieds de Gabrielle, entouré de groupes d'Amours jouant avec les armes du roi. — A la mine de plomb et à la plume. — H. 0,185, L. 0,220.

(*Appartient à M. de Goncourt.*)

559. BAUDOUIN (Pierre-Antoine, 1723-1769). *Le Matin.* Aquarelle. — H. 0,250, L. 0,200.

Collection Prault.
Gravé par Ghendt, dans les *Quatre Parties du jour.*

(*Appartient à M. de Goncourt.*)

560. BAUDOUIN. *L'Épouse indiscrète.* — Gouache. — H. 0,330, L. 0,290.

Gravé par Simonet.

(*Appartient à M. de Goncourt.*)

561. AMAND (Jacques-François, 1730-1769). *L'Atelier du sieur Jadot*, menuisier, établi dans l'ancienne église Saint-Nicolas. Signé. — A la plume, lavé à l'encre de Chine. — H. 0,330, L. 0,435.

Gravé par Chenu et Le Bas.

(*Appartient à M. de Goncourt.*)

562. SAINT-QUENTIN (seconde moitié du XVIIIe siècle). Près d'un lavoir, à l'ombre d'un saule, des laveuses; une charrette dételée, dans laquelle mangent et jouent de petits paysans; au premier plan, à côté d'une cuve de lessive, un paysan baignant des enfants. Signé à droite : *St-Quentin inv. f. 1764.* — Lavé à l'aquarelle. — H. 0,320, L. 0,340.

(*Appartient à M. de Goncourt.*)

563. PAJOU (Augustin, 1730-1809). Modèle de vase soutenu par deux satyres; au centre, deux enfants s'embrassent. Le couvercle est surmonté d'un cygne aux ailes à demi ouvertes. Les pattes des satyres reposent sur une console par trois tritons dont les queues s'enroulent. — A la plume, lavé de bistre, avec rehauts blancs. Signé. — H. 0,315, L. 0,180.

(*Appartient à M. de Goncourt.*)

564. GREUZE (Jean-Baptiste, 1725-1805). Dans un parc, un homme, la main gauche sur le canon d'un fusil;

une femme, assise sur un banc de pierre, presse des deux mains son bras droit et appuie amoureusement la tête contre lui. — Esquisse à l'encre de Chine. — H. 0,385, L. 0,350.

Première idée du portrait de

(*Appartient à M. de Goncourt.*)

565. GREUZE. *La Dame de charité.* — A la sanguine et au crayon noir estompé. — H, 0,490, L. 0,315.

Étude de femme en pied, d'après Mme Greuze, pour le tableau *la Dame de charité.*

Collection Hope.

(*Appartient à M. de Goncourt.*)

566. GREUZE. Greuze, assis, dessinant, vu en pied et tourné de trois quarts à gauche. — A la sanguine. — H. 0,397, L. 0,253.

(*Appartient à Mgr le duc d'Aumale.*)

567. GREUZE. Tête de jeune fille souriant, vue de trois quarts à gauche, coiffée d'un bonnet. — A la sanguine. — H. 0,400, L. 0,310.

Collection Villenave.

(*Appartient à M. Eudoxe Marcille.*)

568. GREUZE. Portrait de M. Delaborde, tête grande comme nature, de profil à droite. — A la sanguine. — H. 0,420, L. 0,310.

Collection Marcille.

Étude pour la tête du chasseur dans le tableau *la Mère bien-aimée.*

(*Appartient à M. Dumesnil.*)

569. GREUZE. *L'Accordée de village.* — A la plume, à l'encre de Chine et au bistre sur papier teinté. — H. 0,357, L. 0,495.

Étude pour le tableau du Musée du Louvre.

Collections baron Roger, Révil, Simon.

(*Appartient à M. Dutuit.*)

570. GREUZE. *La Famille pauvre.* — Signé et daté 1763. A la plume et lavé à l'encre de Chine. — H. 0,155, L. 0,380.

(*Appartient à Mgr le duc d'Aumale.*)

571. GREUZE. *Le Fils puni.* Le fils coupable, rentrant dans la maison paternelle, trouve son père expirant au milieu de sa famille en pleurs. — Au crayon, lavé d'encre de Chine. — H. 0,286, L. 0,363.

Esquisse avec changements pour le tableau du musée du Louvre.

(*Appartient à M. A. Armand.*)

572. GREUZE, Portrait de M. Legrand, ancien marchand de tableaux, vu à mi-corps, presque de face, vers la droite. Redingote boutonnée, avec grande pèlerine; haute cravate blanche; cheveux longs et bouclés. — Aux deux crayons et lavé d'encre de Chine. — H. 0,365, L. 0,290.

(*Appartient à M. C. Pillet.*)

573. FRAGONARD (JEAN-HONORÉ, 1732-1806). *Le Concours.* Dans une vaste salle, une table entourée d'enfants lisant et écrivant sous la direction d'une jeune maîtresse qui, placée à gauche, fait lire une fillette sur ses genoux. Deux jeunes femmes et un grand nombre d'hommes, placés autour de la table, regardent cette scène avec attention; une des jeunes femmes, à droite, fait écrire un des enfants. — A l'encre de Chine. — H. 0,430, L. 0,340.

Collection Laperlier.

(*Appartient à M. Eudoxe Marcille.*)

574. FRAGONARD. *La Récompense.* Pendant du précédent. Les parents ramènent en triomphe le vainqueur du concours, qu'applaudissent ses jeunes rivaux. — A l'encre de Chine. — H. 0,430, L. 0,340.

Collection Laperlier.

Cette scène et celle du dessin qui précède se sont passées

dans la famille de Bergeret, ancien fermier général, ami de Fragonard. M. Valferdin possède un dessin colorié, première pensée de cette composition.

(*Appartient à M. Eudoxe Marcille.*)

575. FRAGONARD. *Dites donc, s'il vous plaît.* — Au pinceau lavé de bistre. — H. 0,330, L. 0,445.

Collection Villot.
Gravé par Delanay.

(*Appartient à M. de Goncourt.*)

576. FRAGONARD. *Le Sacrifice de la rose.* Composition allégorique. Une jeune femme, entourée d'Amours, dépose une rose sur un autel qu'un Génie ailé va allumer avec une torche. Au fond, un paysage avec Amours et colombes volant, éclairé de deux traînées de lumière.—A la sépia.— H. 0,330, L. 0,430.

Collection Denon.
A comparer avec la gravure du comte de Paroy, d'après Fragonard.

(*Appartient à M. Eudoxe Marcille.*)

577. FRAGONARD. *L'Éducation fait tout.* Jeunes filles et enfants devant une maison, habillant des chiens sur un banc. — Au pinceau lavé de bistre. — H. 0,340, L. 0,450.

Gravé par Delanay

(*Appartient à M. Valferdin.*)

578. FRAGONARD. *L'Occasion.* Dans une chambre envahie par la fumée d'un poêle, une mère de famille et ses enfants se rejettent en arrière et ferment les yeux. Saisissant l'occasion, la fille aînée et son amoureux, séparés l'un de l'autre par le poêle, se dressent vivement sur la pointe des pieds pour se donner un baiser. Le vieux père de famille sommeille dans un coin. Le chien de la maison suit de l'œil le mouvement des amoureux. —Au pinceau, lavé de bistre.— H. 0,370, L. 0,260.

Gravé par Regnault.

(*Appartient à M. du Sommerard.*)

579. FRAGONARD. *Les Sept Ages de la vie.* — Étude de sept têtes. — Au pinceau et au bistre. — H. 0,300, L. 0,450.

(*Appartient à Mme Kestner.*)

580. FRAGONARD. Parc orné de statuettes, avec promeneurs. — Au pinceau lavé de bistre. Signé. — H. 0,353, L. 0,470.

(*Appartient à M. Valferdin.*)

581. FRAGONARD. Avenue d'un parc orné de statues, avec promeneurs. Signé. — Au pinceau lavé de bistre. — H. 0,450, L. 0,340.

(*Appartient à M. Valferdin.*)

582. FRAGONARD. Paysage par un ciel orageux, animé de bergers avec leurs troupeaux. — Aquarelle. — H. 0,190, L. 0,230.

(*Appartient à M. Bottolier.*)

583. FRAGONARD. Villa italienne avec terrasse circulaire, au bas de laquelle un jardin animé de figures et orné de statues. — Aquarelle. — H. 0,190, L. 0,230.

(*Appartient à M. Bottolier.*)

584. FRAGONARD. Un taureau tourné à droite, dans un paysage. — Au pinceau, lavé de bistre, avec dessous de crayon. — H. 0,370, L. 0,500.

(*Appartient à M. Valferdin.*)

585. FRAGONARD. *La Distribution des pains.* Un homme et une femme, sortant d'une huche des pains qu'ils distribuent à un groupe d'enfants. — Au pinceau, lavé de bistre. — H. 0,340, L. 0,450.

(*Appartient à M. Valferdin.*)

586. FRAGONARD. Un four rempli de femmes apportant leurs pains à cuire, qu'un homme enfourne. Sur

une pointe de la toiture est écrit de la main de Fragonard : *Four banal de Negrepelisse (près Montauban). 8*[bre] *1773*. — Au bistre. — H. 0,290, L. 0,370.

Au dos du dessin, d'une écriture du temps : « Dessin d'Honoré Fragonard, fait dans son voyage d'Italie avec M. Bergeret, du cabinet de M. le duc de Chabot. »

(*Appartient à M. de Goncourt.*)

587. FRAGONARD. Des enfants font manger un âne dans un piédestal antique, transformé en auge ; un enfant est monté sur l'âne. Au fond, sur un pan de mur, une femme drapée, debout, dans l'attitude d'une statue. A gauche, une jeune fille regardant la femme. — Au pinceau, à l'encre de Chine. — H. 0,357, L. 0,457.

Collection du duc de Chabot.

(*Appartient à M. de Goncourt.*)

588. FRAGONARD. *La Culbute*. — Au bistre. — H. 0,275, L. 0,395.

Gravé en fac-simile par Charpentier.

(*Appartient à M. de Goncourt.*)

589. FRAGONARD. *L'Abreuvoir*. Un berger et une bergère s'embrassant auprès d'un abreuvoir; un taureau les regarde. — Au pinceau et au bistre. — H. 0,235, L. 0,175.

Gravé par Jules de Goncourt.

(*Appartient à M. de Goncourt.*)

590. FRAGONARD. Paysage. A droite, sur un sol rocheux, une paysanne porte un enfant; un autre enfant marche à côté d'elle. A gauche, une grande vache, quelques silhouettes d'animaux et un berger. Une échappée sur la mer, dans le fond. — Gouache. — H. 0,300, L. 0,430.

(*Appartient à M. de Goncourt.*)

591. FRAGONARD. Paysage. Paysans et bestiaux auprès d'un abreuvoir. — Au bistre. — H. 0,250, L. 0,300.

(*Appartient à M. de Goncourt.*)

592. FRAGONARD. Rosalie Fragonard, fille du peintre. — Au crayon noir et rehaussé de blanc. — H. 0,490, L. 0,350.

M. Fragonard, petit-neveu du peintre, a écrit, dans le haut du dessin, au-dessus de sa signature, ces mots : « Ma tante Rosalie. »

(*Appartient à M. de Goncourt.*)

593. FRAGONARD. Femme à mi-corps, vue de trois quarts, tournée à gauche, assise sur une chaise. — A la sanguine. Signé et daté 1785. — H. 0,220, L. 0,170.

(*Appartient à M. de Goncourt.*)

594. FRAGONARD. Vue de la villa Borghèse, avec groupes de personnages, sous des pins d'Italie. — Au bistre. — H. 0,246, L. 0,390.

(*Appartient à M. de Goncourt.*)

595. SAINT-AUBIN (Gabriel-Jacques de, 1724-1780). Portrait de Louis XVI, dans un cadre au bas duquel jouent deux Amours, entouré d'attributs et de médaillons représentant des épisodes de la vie du monarque. — Au crayon noir et frotté de blanc sur papier jaunâtre. Signé : *Gabriel de St-Aubin, f.* 1770. — H. 0,330, L. 0,215.

L'artiste a écrit au bas : Louis-Auguste, dauphin de France, *marié le 16 mai 1770*, et a ajouté plus tard : *Roi le 10 mars 1774*.

(*Appartient à M. de Goncourt.*)

596. SAINT-AUBIN (Gabriel de). Scène de la comédie des *Philosophes* de Palissot. Signé. — A la pierre d'Italie, relevé de plume. — H. 0,220, L. 0,075.

(*Appartient à M. de Goncourt.*)

597. SAINT-AUBIN (Gabriel de). Expérience d'un bateau insubmersible, sur la Seine, en face des Invalides. En bas, de l'écriture de l'artiste : *Bateau insubmersible de M. de Bernière, éprouvé le 1er août. Gabriel de Saint-Aubin, 1776. Le véritable honneur est d'être utile aux hommes. Pour la Société établie à cette fin. 1776.* — A l'aquarelle, rehaussée de plume. — H. 0,180, L. 0,140.

Voir sur cette expérience les *Mémoires de Bachaumont*, à la date du 4 août 1776.

(*Appartient à M. de Goncourt.*)

598. SAINT-AUBIN (Gabriel de). Allégorie. Un génie ailé, avec une trompette de Renommée, montrant un portrait lauré et cuirassé, et repoussant du pied l'Envie et la Haine. — Signé : Gabriel de Saint-Aubin, avec la mention : Pour le Prince de la Paix. — Lavé au bistre, rehaussé d'aquarelle et de gouache, sur papier gris. — H. 0,243, L. 0,210.

(*Appartient à M. de Goncourt.*)

599. SAINT-AUBIN (Gabriel de). *Matathias renversant les Idoles et massacrant les Prêtres.* — A la plume, lavé d'aquarelle, avec rehauts de gouache. — H. 0,170, L. 0,230.

(*Appartient à M. de Goncourt.*)

600. SAINT-AUBIN (Gabriel de). Une femme donnant, dans une cuiller, de la bouillie à un enfant renversé sur ses genoux. — Signé, à droite : G. de S.-A. 1773. — A la pierre noire, rehaussé de blanc, sur papier gris. — H. 0,280, L. 0,200.

(*Appartient à M. de Goncourt.*)

601. SAINT-AUBIN (Gabriel de). *Le Salon de 1757.* Plusieurs personnes, dont un Turc, sont arrêtées devant une statue de Vénus couchée. En bas, au crayon, de la main de Saint-Aubin : *Salon de 1757,*

figure de M. Mignot. — A l'encre de Chine, relevé de plume. — H. 0,140, L. 0,160.

C'est la figure ainsi mentionnée au livret de l'exposition : « *Vénus qui dort.* Cette figure est de la même proportion que « l'Hermaphrodite antique et doit faire son pendant. Par « M. Mignot, agréé ».

(*Appartient à M. de Goncourt.*)

602. SAINT-AUBIN (Gabriel de). Sous un ciel, où des naïades versent la pluie avec des arrosoirs et où les vents soufflent la tempête, des joûteurs retenant leurs lances de bois, plantées sur la cuisse. Au premier plan, un cabriolet attelé qui attend, et une ancre qui traîne à terre. — Signé : G. de S.-A. — Aquarelle sur crayon et rehaussé de gouache. — H. 0,220, L. 0,175.

Collection Pérignon.

(*Appartient à M. de Goncourt.*)

603. SAINT-AUBIN (Gabriel de). *Les Dimanches de Saint-Cloud.* Dans une allée de boutiques, au milieu d'un cercle formé par la foule, un homme et une femme dansent aux accords d'un joueur de violon et d'un harpiste. — Signé, au bas et à gauche : Gabriel de Saint-Aubin del., et sur le toit d'une boutique : *Vu à Saint-Cloud le 12 septembre 1762*, G. de S.-A. — Au bistre, relevé de plume. — H. 0,200, L. 0,280.

Gravé par Jules de Goncourt.

(*Appartient à M. de Goncourt.*)

604. SAINT-AUBIN (Gabriel de). Vue du Pont-Neuf et de la Samaritaine, prise du quai de la Mégisserie. Sur les demi-lunes du pont, les guérites en construction, dont la location était affermée par le roi au profit des veuves de l'académie de Saint-Luc. Au premier plan, un marché aux fleurs, une rixe de

femmes, un groupe de racoleurs. — Signé, à gauche : G. DE SAINT-AUBIN, 1775. — A la sanguine et à la pierre noire, rehaussé de plume. — H. 0,230, L. 0,380.

Collections Bruun, Neergaard, Sylvestre.
Gravé par Jules de Goncourt.

(*Appartient à M. de Goncourt.*)

605. SAINT-AUBIN (AUGUSTIN DE, 1736-1807). *Au moins soyez discret.* — A la mine de plomb, légèrement lavé d'encre de Chine, et rehaussé de sanguine. — H. 0,220, L. 0,165.

Première idée du dessin gravé par A. de Saint-Aubin.

(*Appartient à M. de Goncourt.*)

606. SAINT-AUBIN (AUGUSTIN DE). Portrait de jeune femme en buste, vue de profil, à droite, en haute coiffure à rubans, les boucles retombant sur le cou. — A la mine de plomb, légèrement lavé d'aquarelle et rehaussé de pastel. — Ovale. — H. 0,175, L. 0,140.

(*Appartient à M. de Goncourt.*)

607. SAINT-AUBIN (AUGUSTIN DE). Son portrait à l'âge de vingt-huit ans, les cheveux en accommodage du matin, un carton sur les genoux, la main droite levée, mesurant avec un porte-crayon ; au fond, sur un chevalet, une toile d'une nudité mythologique. — Signé, à droite : AUG. DE SAINT-AUBIN DEL., 1764. — Au bistre, relevé de plume. — H. 0,190, L. 0,140.

Collection Renouard.
Gravé par Jules de Goncourt.

(*Appartient à M. de Goncourt.*)

608. SAINT-AUBIN (AUGUSTIN DE). Femme vue de face, coiffée d'un grand pouf, gants longs, robe violette, garnie de nœuds, de glands, de bannières et de vo-

lants. — A l'aquarelle, sur dessous de crayon. — H. 0,250, L. 0,185.

Gravé dans la collection des *Costumes Esnault et Rapilly* par Dupin fils, sous le n° 360 avec le titre : *Grande robe de cour garnie de gazes entrelacées de guirlandes.*

(*Appartient à M. de Goncourt.*)

609. SAINT-AUBIN (AUGUSTIN DE). Jeune femme debout, les bras croisés. Au dos, de l'écriture de Saint-Aubin, ces mots : « Étude d'après Mlle L. G., dessinée par AUG. DE SAINT-AUBIN, 1763. » — Lavé de bistre sur crayon, et relevé à la plume. — H. 0,205, L. 0,130.

(*Appartient à M. de Goncourt.*)

610. LE PRINCE (JEAN-BAPTISTE, 1733-1781). *Caback*, espèce de guinguette des environs de Moscou. Scène russe. Signé et daté 1778. — A la plume, lavé d'encre de Chine et de bistre. — H. 0,320, L. 0,570.

Gravé par Leprince, sous le titre : *la Danse russe.*

(*Appartient à M. de Goncourt.*)

611. LÉPICIÉ (NICOLAS-BERNARD, 1735-1784). Dans un intérieur rustique, Lépicié assis, prenant un verre de vin sur une table; entre ses jambes un enfant mangeant un morceau de pain. Signé à gauche : *Lépicié.* — Au crayon noir, rehaussé de blanc et de sanguine. — H. 0,455, L. 0,377.

C'est le dessin du tableau qui figurait dans la galerie Boittelle.

(*Appartient à M. de Goncourt.*)

612. ROBERT (HUBERT, 1733-1808). Jardin d'une villa italienne; terrasse, escalier, animé de personnages, fontaine, jet d'eau. Signé à droite, au-dessous d'une échelle : *H. Robert fecit* 1770. — A l'aquarelle. — H. 0,215, L. 0,220.

(*Appartient à M. de Goncourt.*)

613. ROBERT (H.). Villa italienne, escalier à statues; au premier plan, une femme puisant de l'eau dans un chaudron, une autre tenant un enfant à la lisière. Signé sur le mur, à droite : *H. Robert.* — A l'aquarelle. — H. 0,340, L. 0,210.

(*Appartient à M. de Goncourt.*)

614. ROBERT (H.). Villageoises puisant de l'eau à une fontaine, entre deux colonnes antiques en pierre. — Aquarelle. — H. 0,280, L. 0,360.

(*Appartient à M. Bottolier.*)

615. ROBERT (H.). Intérieur. Jeune mère et son poupon devant une table. — Aquarelle. — H. 0,210, L. 0,250.

(*Appartient à M. Bottolier.*)

616. ROBERT (H.). *La Leçon.* Dans un élégant intérieur, une jeune femme fait répéter la leçon à une jeune fille, placée debout devant elle. — Aquarelle. — H. 0,250, L. 0,330.

(*Appartient à M. Bottolier.*)

617. BOISSIEU (Jean-Jacques de, 1736-1810). Portraits. Buste de femme âgée, au crayon noir et à l'estompe; un autre buste de femme âgée, à la sanguine; toutes deux de trois quarts, coiffées d'un bonnet; buste d'homme vu de trois quarts, coiffé d'un chapeau. — A la sanguine. — H. 0,130, L. 0,310.

Collection du comte de Bizemont.

(*Appartient à M. Eudoxe Marcille.*)

618. MARILLIER (Clément-Pierre, 1740-1801). Vignette pour l'illustration d'un livre du temps. Jeune femme alitée dans sa chambre à coucher, en présence de trois hommes. Signé en toutes lettres et daté 1774.

— A la plume et lavé de bistre. — H. 0,060, L. 0,090.

Gravé par Chenu et Le Bas.

(*Appartient à M. de Goncourt.*)

619. MOREAU (Louis, l'aîné, 1740-1806). Vue de parc. Sur le devant, plusieurs marches, au haut desquelles une femme, avec deux enfants, en riche costume; sa traîne est portée par un serviteur. A droite, des pots de fleurs. Signé et daté 1780. — Gouache. — Ovale. H. 0,390, L. 0,240.

Collection Carrier.

(*Appartient à M. de Goncourt.*)

620. MOREAU (l'aîné). Vue de parc, avec deux figures. Signé et daté 1780. — Gouache. — Ovale. H. 0,390, L. 0,240.

Collection Carrier.

(*Appartient à M. de Goncourt.*)

621. MOREAU (l'aîné). Femme à mi-corps, assise, les bras croisés. Elle porte un bonnet blanc et un mantelet en soie noire. A côté d'elle, un chat sur une table. Dans le fond, sur les panneaux, quelques gravures, dont une d'après la *Tête d'expression* de Cochin (n° 544 de notre Catalogue), une autre d'après Joseph Vernet, à laquelle la mère de Cochin a collaboré. — Lavé de bistre. — H. 0,195, L. 0,155.

Serait-ce le portrait de la mère des Cochin?

(*Appartient à M. de Goncourt.*)

622. MOREAU (J. Michel, le jeune, 1741-1814). La Reine Marie-Antoinette allant, le 21 janvier 1782, rendre grâces à Notre-Dame et à Sainte-Geneviève pour la naissance du dauphin. Partie de la Muette, ayant mis ses voitures de cérémonie au rond du Cours-la-Reine, elle passa sur la place Louis XV dans un carrosse attelé de huit chevaux blancs et suivi de cent gardes du corps du roi. Le dessin est pris du

jardin en terrasse du Palais-Bourbon, où des curieux, pressés contre la balustrade, regardent le défilé et la foule immense de l'autre côté de la Seine. Dans le coin, à gauche, le prince de Condé et le duc de Bourbon causent, les mains dans des manchons, avec un groupe de femmes. — A l'aquarelle, relevé de plume. — H. 1,380, L. 0,447.

(*Appartient à M. de Goncourt.*)

623. MOREAU (LE JEUNE). *La Revue du roi à la plaine des Sablons.* Signé, à droite : *J.-M. Moreau le jeune, 1769.* — Lavé à l'encre de Chine et arrêté à la plume. — H. 0,340, L. 0,730.

Ce dessin, exposé au salon de 1781, provient de la vente du graveur Le Bas, où il était catalogué sous le n° 25. L'expert de la vente, Joullain, a inséré dans son catalogue, que possède M. de Goncourt, la note manuscrite suivante : « M. Moreau jeune avait fait prix avec M. Le Bas, pour ce dessin, à 600 livres payées comptant, et deux douzaines d'épreuves de la planche, qui devait être gravée d'après ce dessin, dont moitié des dites épreuves avant, et moitié après la lettre. Il a exigé de la succession de M. Le Bas, pour indemnité de ces épreuves, la somme de 480 livres. Il avait reçu 600 livres; total 1,080 livres. »

(*Appartient à M. de Goncourt.*)

624. MOREAU (LE JEUNE). *Le Sacre de Louis XVI.* Signé en bas, à droite : *J.-M. Moreau le jeune : 1775.* — Au bistre, relevé de plume. — H. 0,370, L. 0,480.

Collection Tondu.

Première idée, avec changement de la scène, gravée sous ce titre : *Le Sacre de Louis XVI, dessiné d'après nature et gravé par J.-M. Moreau, le jeune, dessinateur et graveur du Cabinet du roi, 1779.*

(*Appartient à M. de Goncourt.*)

625. MOREAU (LE JEUNE). Deux études, d'après nature, d'une petite fille couchée et endormie. — A l'encre de Chine, relevé de plume. — H. 0,100, L. 0,150.

Gravé par Jules de Goncourt.

(*Appartient à M. de Goncourt.*)

626. MOREAU (LE JEUNE). *Visite du roi Louis XVI au port de Cherbourg en 1787.* Au premier plan, la foule, sur le quai, acclame le souverain. Navires pavoisés, vergues pleines de matelots. — A la plume et au bistre. — H. 0,465, L. 0,750.

(*Appartient à M. Alexandre Lange.*)

627. MOREAU (LE JEUNE). Pendant du précédent. *Visite du roi Louis XVI aux travaux de la digue de Cherbourg.* A gauche, grand navire avec matelots dans les vergues. Sur le premier plan, barques remplies de visiteurs acclamant le roi. Dans le fond, navire enveloppé de fumée, près de la jetée, où se dresse une grande tente avec une estrade pour le roi. — A la plume, lavé d'encre de Chine. — H. 0,425, L. 0,745.

(*Appartient à M. Alexandre Lange.*)

628. LEMOINE (E., 1740-1803). Portrait de H. Fragonard, vu presque de face, le corps tourné à gauche : large redingote, chemise à grand col laissant voir le cou, la main ramenée sur la poitrine, tenant un porte-crayon. En bas : *Dessiné en juillet 1779, par Lemoine.* — Au crayon noir, avec rehauts blancs. — H. 0,310, L. 0,225.

(*Appartient à M. Valferdin.*)

629. AUBRY (ÉTIENNE), 1745-1781). *La Visite à la nourrice.* Signé. — Au bistre. — H. 0,390, L. 0,480.

Collection Valferdin.

Étude pour le tableau : *Jeunes époux visitant leur enfant chez sa nourrice,* exposé au Salon de 1777.

(*Appartient à M. de Goncourt.*)

630. FREUDENBERG (SIGISMOND, 1745-1801). *Le Coucher.* A la plume, lavé de bistre. — H. 0,278, L. 0,220.

Collection Jean Gigoux.

Gravé par Duclos et Bosse, dans la suite d'estampes, pour

servir à l'*Histoire des mœurs et des costumes des Français dans le* XVIII

(*Appartient à M. de Goncourt.*)

631. HUET (Jean-Baptiste, 1745-1811). Bâtiments de ferme dans une saulaie ; au bord d'un petit ruisseau, un enfant pêche à la ligne. Signé : *J.-B. Hüet, 1784.* — Pastel. — H. 0,340, L. 0445,.

(*Appartient à M. de Goncourt.*)

632. HUET. Une bergère en chapeau de paille, corsage ouvert, manches et jupe relevées, pieds nus, tenant une rose à la main; auprès d'elle, un panier plein de roses; derrière elle, des moutons; devant elle, un chien. Signé à gauche, en bas, *J.-B. Huet, 1788.* — Pastel. — H. 0,395, L. 0,285.

(*Appartient à M. de Goncourt.*)

633. HUET. Tête de cheval, tournée à droite. Signé et daté 1774. — A la pierre d'Italie et à la sanguine, lavé à l'encre de Chine. — H. 0,192, L. 0,165.

(*Appartient à M. Dumesnil.*)

634. NORBLIN (DE LA GOURDAINE, Jean-Pierre, 1745-1830). *Le Jeu de la bascule*, pendant de la *Main chaude.* — A l'encre de Chine, en forme d'écran. — H. 0,290, L. 0,250.

(*Appartient à M. de Goncourt.*)

635. LAVREINCE (Nicolas, 1746-1808). *Le Mercure de France.* Signé sur une pierre, à gauche : *Lavreince*, et daté 1788. — Gouache, sur vélin. — H. 0,290, L. 0,340.

On lit dans l'annonce de cette gravure publiée dans *le Mercure de France* du 27 novembre 1784 : « La principale figure est M. de Beaumarchais, lisant dans le *Mercure* l'extrait du *Figaro.* » Gravé de la même grandeur sous ce titre : *Le Mercure de France*, par Guttenberg le jeune.

(*Appartient à M. de Goncourt.*)

636. LAVREINCE. *Le Concert agréable.* Signé sur une pierre, à gauche : *Lavreince.*— Gouache, sur vélin. H. 0,295, L. 0,340.

Ces deux gouaches, *le Mercure de France* et *le Concert agréable,* figuraient en 1787, sous le nº 378, à la vente Collet. Gravé de la même grandeur sous le titre : *le Concert agréable.*

(*Appartient à M. de Goncourt.*)

637. TOUZÉ (J.-L., 1747-1807). *Scène théâtrale.* — Au crayon noir, rehaussé de blanc, sur papier jaunâtre. — H. 0,377, L. 0,320.

Gravé par Voyez le jeune, sous ce titre : *Tableau magique de Zémire et d'Azor.*

(*Appartient à M. de Goncourt.*)

638. DAVID (JACQUES-LOUIS, 1748-1825). Son portrait en buste, de profil, à gauche, les bras croisés. — A la plume, lavé à l'encre de Chine. Signé. — Rond, diamètre 0,180.

(*Appartient à M. de Goncourt.*)

639. HOIN (CLAUDE, 1750-1817). Madame Dugazon dans le rôle de *Nina.* Fleurs dans les cheveux, fichu, corsage jaune, ceinture rose, robe de gaze blanche à dessous rose. Elle court vers la grille d'un château, en tenant un bouquet de la main gauche. Signé, sur une pierre de la grille : *Cº* (Claude) *Hoin, P. de Mr* (peintre de Monsieur), *1789.* — H. 0,250, L. 0,190.

Collection Tondu.

A comparer avec la *Nina assise,* gravée en couleur d'après Hoin, par Janinet, 1787.

(*Appartient à M. de Goncourt.*)

640. GUÉRIN (FRANÇOIS, académicien en 1765). *Le Marché à la volaille.* Allée de boutique en plein vent; porteurs, vendeuses et acheteuses, au milieu de paniers et de cages à poulets. — Au bistre, rehaussé

de blanc, sur papier jaunâtre.—H. 0,225, L. 0,280.

Collection du chevalier Damery.

(*Appartient à M. de Goncourt.*)

641. DEBUCOURT (Louis-Philibert, 1755-1832). Dessin caricatural d'une tabagie; une femme, qu'un homme prend par la taille, se bouche le nez pour éviter l'odeur d'un plat de poisson qu'un garçon apporte. — Aquarelle gouachée. — H. 0,180, L. 0,295.

Gravé sans nom de dessinateur sous ce titre : *les Goûts différents.*

(*Appartient à M. de Goncourt.*)

642. PRUD'HON (Pierre-Paul, 1758-1823). *Apollon et les Muses.* Grande composition divisée en cinq compartiments, contenant chacun deux figures avec les noms correspondants au-dessous. Euterpe jouant de la flûte double, et Polymnie jouant de la lyre; l'Amour dansant avec Terpsichore et Érato; Apollon inspirant Calliope, qui porte une tablette; Thalie appuyée sur un fût de colonne, près de Melpomène debout, tenant un sceptre; Clio pensive, près d'Uranie mesurant un globe céleste. — Au crayon noir, rehaussé de blanc, sur papier gris. — Signé. — H. 0,130, L. 0,100 chacun.

Collections Bruun Neergaard, Demetz, Marcille père.
Ces dessins ont été lithographiés par Jules Boilly.

(*Appartient à M. E. Marcille.*)

643. PRUD'HON. *La Paix.* Bonaparte entre deux génies sur un char, traîné par des chevaux, précédés d'Amours dansant et escortés de femmes. — Au crayon noir, rehaussé de blanc, sur papier bleu. — H. 0,360, L. 0,630.

Collections Bruun-Neergaard.
Gravé par Maurin d'après une esquisse peinte, appartenant à

M. Edwards. Un petit dessin avec cette composition un peu changée est chez M. Boutron.

(*Appartient à Mgr le duc d'Aumale.*)

644. PRUD'HON. Projet d'une tête de lettre, pour la Constitution française Minerve engage la Loi à s'unir à la Liberté. Elle appuie ses mains sur leurs épaules. La Liberté invite à cette heureuse union la Nature, qui tient ses enfants par les mains. Un chat, emblème de l'Indépendance, est assis aux pieds de la Liberté. Auprès de la Loi s'avance un enfant, portant une branche de chêne et une tablette chargée d'une inscription Du même côté, un lion muselé, conduit par le Génie, marche paisiblement et de front avec un agneau. Dans l'entablement, trois cartouches à la plume : celui de gauche représente l'*Égalité*; celui de droite, la *Loi protégant la faiblesse contre le meurtrier*. Dans le cartouche du milieu, Prud'hon a écrit : *Constitution française. La Sagesse unit la Loi avec la Liberté et celle-ci appelle à cette union la Nature avec tous ses droits.* — Au crayon noir, avec rehauts blancs, sur papier gris. — H. 0,300, L. 0,470. — Les petits cartouches : H. 0,055, L. 0,110.

Gravé par Copia. Un autre dessin de la même composition, avec deux petits bas-reliefs, *la Loi et la Force*, est au musée de Dijon.

(*Appartient à M. Marcille.*)

645. PRUD'HON. *Le Séjour de l'Immortalité.* Grande composition raphaëlesque, à la partie supérieure cintrée. Sur le devant, d'un côté, la Sagesse, soulevant le voile qui couvre et dérobe la Nature aux yeux des différentes sectes des philosophes; de l'autre, l'Astronomie, entourée de Newton, de Descartes, de Galilée, d'Archimède; plus haut, les poètes érotiques; dans le fond, les poètes épiques et tragiques et les peintres célèbres mêlés aux Muses. On recon-

naît parmi ces personnages Homère, Virgile, Euripide, Sophocle, Corneille, Racine, Michel-Ange, Raphaël, le Corrège, le Poussin. — Au crayon noir et blanc, sur papier bleu. — H. 0,260, L. 0,540.

Collections Brunn-Neergaard, Révil, marquis Maison.

Cette composition a été destinée à être placée dans une salle de distribution de prix à la Sorbonne. Un dessin analogue se trouve chez M. Paul Périer.

(*Appartient à Mgr le duc d'Aumale.*)

646. PRUD'HON. *Minerve conduisant le Génie des Arts à l'Immortalité.* Minerve soutient d'un bras le Génie, en lui montrant de l'autre le séjour de l'Immortalité. Les Muses, placées sur leur passage, encouragent leur marche, tandis que l'Envie, terrassée, tombe dans un gouffre. — Au crayon noir rehaussé, sur papier gris. — H. 0,590, L. 0,300.

Collections Trézel, Marcille père, C. Marcille.

Cette composition devait servir pour le plafond du grand escalier du Louvre, qui n'a pas été exécuté. On en connaît une esquisse peinte, chez Madame Sabatier, et un dessin de petite dimension, chez M. E. Marcille.

(*Appartient à M. Fichel.*)

647. PRUD'HON (P.-P). *La Justice et la Vengeance divine, poursuivant le Crime.* — Au crayon noir, sur papier bleu. — H. 0,400, L. 0,510

Gravé par Roger. Étude pour le tableau du musée du Louvre. Un dessin semblable est au même musée. Les premières idées de cette composition sont chez MM. Moignon, Monjean et chez Mme Conoreux. Un fragment se trouve dans la collection de M. Mahérault, d'autres faisaient partie des cabinets de MM. E. Marcille, Séchan, Sensier et Laperlier.

(*Appartient à Mgr le duc d'Aumale.*)

648. PRUD'HON. *Clotho*, ou *la Fileuse.* Elle est assise à terre, tournée vers la droite, le buste nu, les jambes entourées d'une draperie, la quenouille sous le bras, la navette dans la main droite. — Au crayon

noir, rehaussé de blanc, sur papier bleu. — H. 0,320, L. 0,440.

Gravé par Prud'hon fils.

(*Appartient à Mgr le duc d'Aumale.*)

649. PRUD'HON. *Lachésis*, ou *la Dévideuse.* Pendant du précédent. Elle est assise à terre, tournée vers la gauche, le bras et le cou nus; elle tient une pelote de fil dans la main gauche; à ses pieds, le dévidoir plein. — Au crayon noir, rehaussé de blanc, sur papier bleu. — H. 0,320, L. 0,440.

Gravé par Prud'hon fils. Chez M. E. Marcille, une autre édition du même dessin.

(*Appartient à Mgr le duc d'Aumale.*)

650. PRUD'HON. *Le Printemps.* Au centre de la frise, sur un char traîné par des lutins, l'Amour couronné par un ange; de chaque côté, Nymphes, Satyres et Amours. — Au crayon noir, rehaussé de blanc, sur papier bleu. — H. 0,060, L. 0,650.

(*Appartient à Mgr le duc d'Aumale.*)

651. PRUD'HON. *L'Été.* Au centre de la frise, Cérès assise sur un piédestal, tenant une gerbe et une feuille; de chaque côté, moissonneurs, moissonneuses, baigneuses, etc. — Au crayon noir, rehaussé de blanc. — H. 0,060, L. 0,650.

(*Appartient à Mgr le duc d'Aumale.*)

652. PRUD'HON. *L'Automne.* Au centre de la frise, Bacchus sur un char, traîné par des panthères; de chaque côté, Satyres, Nymphes, Bacchantes et Amours, buvant, jouant et pressant la grappe. — Au crayon noir, rehaussé de blanc, sur papier bleu. — H. 0,060, L. 0,650.

(*Appartient à Mgr le duc d'Aumale.*)

653. PRUD'HON. *L'Hiver.* Un festin, richement servi,

est présidé par Momus et l'Amour; chasseurs revenant de la chasse; hommes, femmes et enfants, se livrant aux plaisirs de l'hiver. — Au crayon noir, rehaussé de blanc, sur papier bleu. — H. 0,060, L. 0,580.

Ces quatre dessins proviennent des collections Bertrand (l'ami de Prud'hon), Bruun-Neergaard, marquis Maison. Ils ont été exposés au Salon de l'an VII. Des peintures ont été faites d'après ces compositions par Dubois, élève de Prud'hon.

(*Appartient à Mgr le duc d'Aumale.*)

654. PRUD'HON. *Minerve*, ou *la Philosophie*. Une femme drapée, debout sur un piédestal, tenant dans la main gauche un mors, dans la main droite une Minerve. Deux Amours, l'un au-dessus de sa tête, portant une torche, l'autre assis contre le piédestal. — Rehaussé de blanc, sur papier bleu. — H. 0,230, L. 0,060.

(*Appartient à Mgr le duc d'Aumale.*)

655. PRUD'HON. *Euterpe*, ou *les Arts*. Une figure, drapée, debout sur un piédestal, vue de profil à droite, jouant de la lyre. Au-dessus de sa tête, un Amour volant; contre le piédestal, deux autres Amours, l'un écrivant, l'autre jouant de la flûte. — Au crayon noir rehaussé, sur papier gris verdâtre. H. 0,220, L. 0,060.

(*Appartient à Mgr le duc d'Aumale.*)

656. PRUD'HON. *Pandore*, ou *la Richesse*. Une femme drapée, debout sur un piédestal, portant un coffret débordant de bijoux. Deux Amours tenant des perles, l'un au-dessus de sa tête, l'autre contre le piédestal. — Au crayon noir rehaussé, sur papier gris verdâtre. — H. 0,220, L. 0,060.

Collections C. Marcille, marquis Maison.

Les trois dernières compositions sur cartons mis au carreau, avec figures grandes comme nature, sont au musée du Louvre, ainsi qu'une quatrième représentant les *Arts ou Vénus*. Les peintures avec les mêmes allégories sont aujourd'hui au château de Schlechsdorf, propriété de M. A. de Rothschild. Les esquisses peintes se trouvent au musée de Montpellier.

(*Appartient à Mgr le duc d'Aumale.*)

657. PRUD'HON. *Joseph et la femme de Putiphar.* La femme de Putiphar, assise sur un lit, veut retenir Joseph qui se détourne en cherchant à lui échapper. Figures à mi-corps. — A la plume, rehaussé de blanc, sur papier gris. — H. 0,220, L. 0,270.

Collections Poterlet, Marcille père.

Lithographié par M. Eugène Leroux. La même composition, avec figures en pied, se trouve en deux états chez M. le baron Dejean, et une autre édition chez M. Mahérault.

(*Appartient à M. E. Marcille.*)

658. PRUD'HON. *Le Coup de patte du chat*, ou *les Peines que l'amour nous cause.* Assis sous un buisson, l'Amour s'appuie en riant sur l'épaule d'une fillette, qu'il vient de faire griffer par un chat. — Au crayon noir, rehaussé de blanc, sur papier gris. — H. 0,220, L. 0,160.

Collection Fiché.

Gravé par Prud'hon fils et par Jules Boilly, sous le titre : *l'Égratignure.* Cette composition a été peinte par Prud'hon. Un léger croquis a figuré dans la vente Boisfremont et a été acquis par M. de Saint-Pierre. Une première pensée de la figure de *l'Amour tenant le chat* appartenait à Mlle Élisa Voiart. Au musée de Montpellier, un dessin très-terminé analogue au présent.

(*Appartient à M. E. Marcille.*)

659. PRUD'HON. *Innocence et Amour.* Dans un paysage, une jeune fille se défendant contre les caresses d'un jeune paysan. Un pot au lait renversé au pied d'un arbre, semble viser la fable de La Fontaine. — Au crayon noir, rehaussé de blanc, sur papier bleu. — H. 0,330, L. 0,410.

Collection Révil.

Gravé par Villerey; la première pensée de ce dessin est chez M. Marcille.

(*Appartient à Mgr le duc d'Aumale.*)

660. PRUD'HON. *L'Automne.* Vendangeuses antiques coupant dans une vigne, avec des serpes, les raisins que recueillent des Amours dans des corbeilles, et dont un Faune charge les paniers d'un âne. — Au crayon noir, rehaussé de blanc sur papier gris. — H. 0,070, L. 0,170.

Collections Vignon, Marcille père, Camille Marcille.
Lithographié par M. Aubry-Lecomte.

(*Appartient à M. E. Marcille.*)

661. PRUD'HON. L'Amour. Nu, debout, son carquois derrière lui, il semble danser en riant; il marche vers la gauche, la tête retournée vers la droite. — Pastel. — H. 0,600, L. 0,047.

Étude pour le tableau représentant *l'Innocence qui préfère l'Amour à la Richesse.*

(*Appartient à M. E. Marcille.*)

662. PRUD'HON. *Le Cruel rit des pleurs qu'il fait verser.* Une femme assise, tournée vers la gauche, la poitrine et les bras nus, dans l'attitude de la désolation. Devant elle, à gauche, l'Amour debout, appuyé sur son arc, son carquois à ses pieds, rit des pleurs de sa victime. Signé en toutes lettres. — Au crayon, sur papier blanc. — H. 0,240, L. 0,315.

Collection baron Roger.
Gravépar Copia; la première idée est chez la comtesse de Lariboisière. Un autre état avec variantes faisait partie de la collection de M. Étienne Arago. Une étude de la tête de cet Amour a été vendue à la vente Boisfremont.

(*Appartient à M. Constantini.*)

663. PRUD'HON. *L'Amour réduit à la raison.* Pendant du précédent. Une femme assise, à gauche, tournée vers la droite, tend les bras nus vers l'Amour et se moque de lui; à droite, l'Amour, attaché au buste de Minerve, pleurant, désarmé; l'arc et le carquois gisent à terre. Signé en toutes lettres. — Au

crayon noir, sur papier blanc.—H. 0,240, L. 0,315.

Exposé au Salon de 1798. Gravé par Copia; la première idée est chez le comte de Lariboisière. Mademoiselle Mayer a copié ces deux compositions, dans deux dessus de porte.

(*Appartient à M. Constantini.*)

664. PRUD'HON. Silvia nue, au bord de la fontaine de Diane, est attachée par les bras à un arbre; un Satyre veut la saisir, tandis qu'une femme (Daphné) le retient par la tête. Au fond, à gauche, deux hommes (Aminta et Tirsis) accourent effarés. — A la plume et au bistre. — H. 0,100, L. 0,060.

Collections Renouard, Carrier, Laperlier.
Gravé par Roger dans l'*Aminta* du Tasse, édition Renouard, Paris, 1800. Deux petites études de ce dessin figuraient, l'une à la vente Laperlier, l'autre dans la collection Lallemand.

(*Appartient à M. Alexandre Dumas.*)

665. PRUD'HON. *La Délivrance d'Anzia.* Anzia attachée à un arbre, près d'être sacrifiée, est sauvée par Périlaüs. — Au crayon noir et à l'estompe rehaussés, sur papier gris. — H. 0,011, L. 0,070.

Collections Renouard, Véron.
Gravé par B. Roger pour la traduction italienne d'*Abrocome et Anzia*, d'après Xénophon d'Éphèse, publiée par Renouard en 1800, in-12. La première pensée de cette composition se trouve chez M. Lallemand, une autre a figuré à la vente Laperlier.

(*Appartient à M. E. Marcille.*)

666. PRUD'HON. Portrait de la baronne Alexandre de Talleyrand, duchese de Dino, à l'âge de sept ans. En pied, debout, vue de trois quarts droite; cheveux longs et frisés, robe longue de petite fille, à manches courtes, gants longs. Signé. — Au crayon noir et à l'estompe, rehaussés de blanc, sur papier gris. — H. 0,240, L 0,170.

Collections Perret, Marcille père, Camille Marcille.

(*Appartient à M. E. Jahan.*)

667. GRÉGOIRE (PAUL, SECONDE MOITIÉ DU XIXe SIÈCLE). Portrait de Voltaire. Tête vue de profil, à gauche. — Au crayon noir. — H. 0,095, L. 0,075.

(Appartient à Mgr le duc d'Aumale.)

668. AUBERT (AUGUSTIN, 1781-1832). *La Leçon de lecture.* Une jeune fille, assise, vue de face, soutient de la main gauche le livre d'un jeune garçon, vêtu d'un habit de couleur jaune clair, qui se tient debout devant elle. Elle ne paraît pas très-contente de son élève, et lève la main droite en signe de réprimande. Un tambour suspendu au bras d'une chaise, des cartes jetées à terre, une table avec un carton entr'ouvert, et un ouvrage de couture, forment les accessoires de la composition. Derrière les personnages, une cheminée surmontée d'une glace, sur laquelle sont posées deux tasses et une cafetière d'argent. — Aux trois crayons et au pastel. — H. 0,335, L. 0,230.

Collection F. Reiset.
Ce dessin a été gravé.

(Appartient à Mgr le duc d'Aumale.)

669. VERNET (CLAUDE-JOSEPH, 1714-1789). Vue de la Seine, en face du palais Bourbon; avec bateaux, trains de bois, batelets remplis de seigneurs et de dames. — A la pierre d'Italie. — H. 0,223, L. 0,365.

(Appartient à M. de Goncourt.)

670. VERNET (CARLE). Le Duc d'Orléans, Louis-Philippe-Joseph. Tête vue de face. En bas, cette inscription : « Dessin d'après nature, par M. Carle Vernet, 27 août 1787 ». — Crayon noir, avec rehauts blancs. — H. 0,295, L. 0,195.

(Appartient à Mgr le duc d'Aumale.)

671\. VERNET (Carle, 1785-1835). Le duc de Chartres (le roi Louis-Philippe). Tête de profil, à gauche. Au bas, cette inscription : « Dessin d'après nature « par M. Carle Vernet, 27 août 1787 ». — Crayon noir, avec rehauts blancs. — H. 0,260, L. 0,195.

(*Appartient à Mgr le duc d'Aumale.*)

ÉCOLE ANGLAISE

672. REYNOLDS (Josua, 1723-1792) Portrait de Milady Catesby, vue de profil à gauche. Signé et daté : *Josua Reynolds, 1780*. — Pastel sur papier brun. — H, 0,450, L. 0,360.

(Appartient à M. Eudoxe Marcille.)

673. REYNOLDS. Buste de femme, vue de trois quarts, à droite; poitrine découverte, écharpe rouge brun sur les épaules, cheveux frisés tombant sur le front. — Pastel et crayon noir. — Octogone. — H. 0,375, L. 0,320.

Collection Diaz.

(Appartient à Mme Charras.)

674. COSWAY (Richard, 1740-1821). *La Leçon de musique.* Portraits du duc de Chartres (le roi Louis-Philippe), de ses deux frères et de sa sœur. Celle-ci jouant de la harpe. — Au crayon, rehaussé de couleur. — H. 0,302, L. 0,220.

(Appartient à Mgr le duc d'Aumale.)

ERRATA

Lire page 53, N° 199, lignes 1 et 2, *au lieu de* « Un homme, renversé à terre, poignardé par un meurtrier » : Un homme poignardant une femme. Et ligne 6, *au lieu de* « Première pensée de saint Pierre martyr » : Première pensée d'une des trois fresques (sujets tirés de la légende de saint Antoine de Padoue), exécutées dans la *Scuola de San Antonio* à Padoue, *un mari assassinant sa femme*.

Lire page 75, ligne 2, *au lieu de* « 1426 » : 1440.

Lire page 14, N° 54, ligne 1, *au lieu de* « CREDI (LORENZO DI, *attribué à*) » : SANTI DIT RAPHAEL.

TABLE ALPHABÉTIQUE

DES NOMS D'ARTISTES

Paris. — Typ. G. Chamerot, 19, rue des Saints-Pères. — 8022.

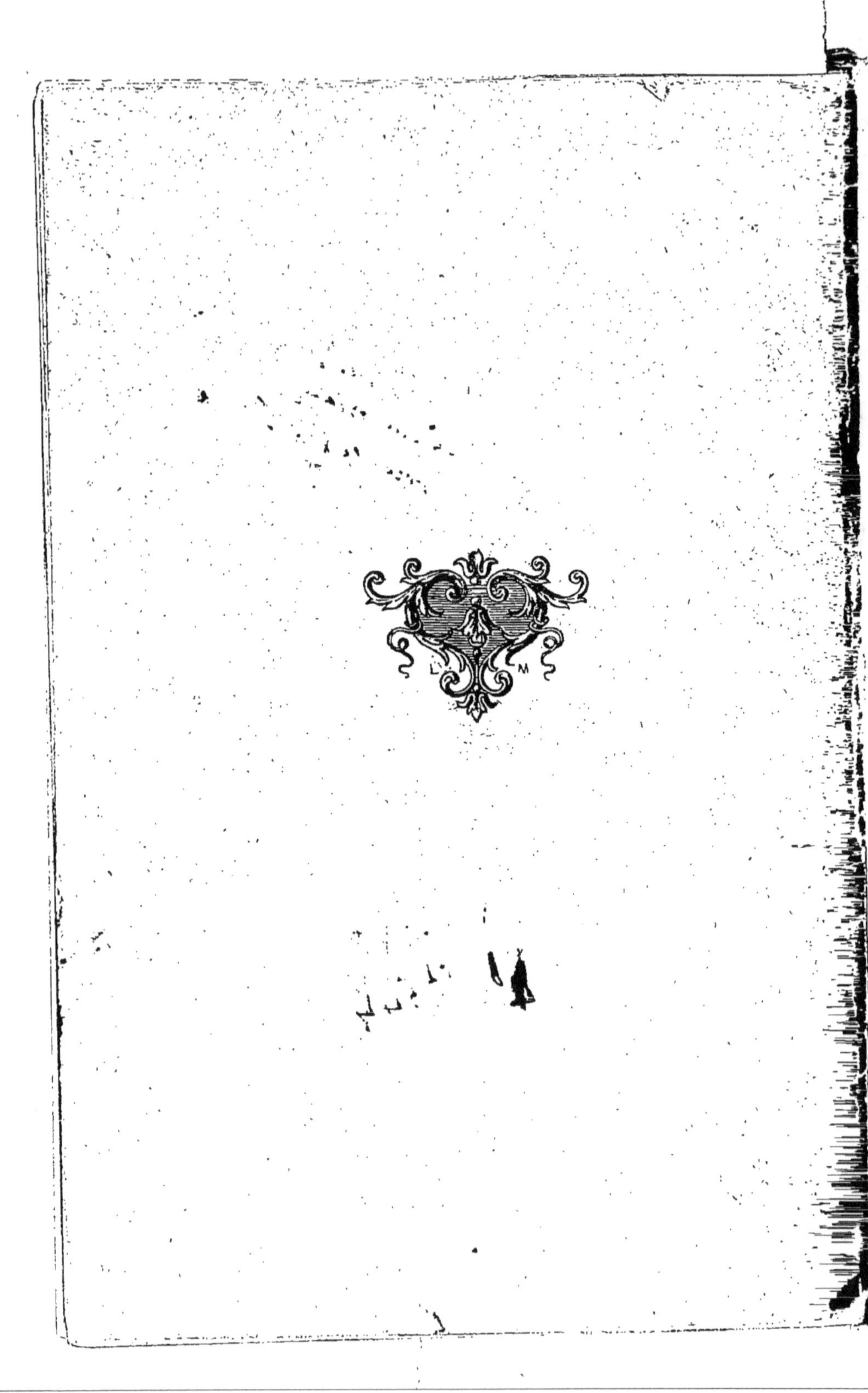

www.ingramcontent.com/pod-product-compliance
Lightning Source LLC
LaVergne TN
LVHW010605110826
845149LV00003B/775

* 9 7 8 2 0 1 9 5 7 7 7 6 6 *